改正消費者契約法・特定商取引法

東京経済大学教授・弁護士

村 千鶴子

弘 文 堂

はしがき

　消費者契約法は、消費者契約に関する民法の特別法です。民法は、契約当事者双方が完全な対等当事者であることを前提としています。しかし、消費者と事業者とは、各自が持っていたり自ら収集することができる情報の質や量に格差があり、また交渉力にも格差があるなど、様々な格差があり対等ではありません。そのため、消費者契約に関する紛争防止や紛争の適切な解決を目的として、格差の是正をはかるための民法の特別法として2000年に消費者契約法が制定されました。

　さらに、販売方法が特殊であるために、消費者と事業者との格差がより大きくなることから被害が拡大するものについては、特定商取引に関す法律で規制しています。現在では訪問販売などの消費者にとって身近な取引方法である一方、過去に消費者被害が多発した（今でも多発しているものもありますが）7類型の取引について規制しています。

　消費者契約に関する紛争を予防したり解決したりするためには、消費者契約法と特定商取引法は基本的かつ重要な法律です。特定商取引法は、2016年に大きな改正がなされました。また、消費者契約法は、2016年に改正されましたが、これは2000年の制定後の初めての実体法部分の改正でした。2016年の消費者契約法改正が、ごく一部についての改正に留まっていたため、2018年にも改正されています。

　2017年には民法の債権法部分が120年ぶりに改正され、2018年には、成年年齢を20才から18才に引き下げる改正がされました。改正債権法は、2020年4月から、成年年齢の引き下げは2022年4月から施行されます。民法の改正に関連して消費者契約法の改正もなされました。たとえば、民法の瑕疵担保責任の規定が債務不履行責任に一本化されたことに伴って、消費者契約法の不当条項規定が改正されるなどの手当てがされています。

　このように、近年の消費者契約法と特定商取引法の改正は、頻繁で、重要な改正も少なくなくありません。そこで、これらの改正ポイントについ

てわかりやすく解説することを目的として本書を発行することにしました。
解説では、実務に役立つような記述に配慮しています。

　消費者契約法や特定商取引法の改正点を学ぶ際のテキストとして、また、消費者からの契約トラブルの相談に従事している消費生活センターの相談業務などに役立てていただければ幸いです。

　2019年12月

村　千鶴子

Contents

特定商取引法編

消費者契約法編

2016年改正のポイント

Q1 2016年の消費者契約法の改正の経緯について教えてください

> **Point**
> ① 制定後初めての見直し
> ② 消費者委員会消費者契約法専門調査会で意見が一致した部分のみの改正にとどまった。

解説 Explanation

1．はじめに

消費者契約法は、2000年に制定されました。制定時に附帯決議で施行後5年を目途に見直すことになっていました。そして、2006年に適格消費者団体による差止め訴訟制度を導入する改正が行われました。しかし、それ以外の部分についての見直しはされないままに経過していました。

2016年の改正は、取消制度や不当条項制度などの実体法に関する初めての見直しによる改正と言うことになります。

2．改正点が少ない理由

次の設問で説明しているように、2016年の改正点は、ごくわずかです。このような結果となったのには、下記のような理由があります。

制定時の国会附帯決議では、施行後5年を目途に見直すことになっていました。それにもかかわらず、施行後10年以上が経過してからの見直しで

あったことや、立法時に十分な検討がなされなかった部分や不十分との指摘がすでにされていた部分など、見直すべき論点は、多岐にわたっていました。しかし、2014年に設置された専門調査会は、2015年12月までに結論をまとめる予定であったため、すべての論点について検討するだけの時間的余裕がありませんでした。また、調査会の委員全員の一致を見た論点についてのみ改正すべきとの結果をまとめる方針であったことにより、論点によっては立場や考え方の違う多数の委員の意見の一致を見ることがなかなか困難ところもありました。このような事情から、調査会で委員全員の意見が一致した部分についてのみ2016年に改正されることになりました。

　検討すべき多くの論点が積み残されたことから、専門調査会は引き続き残し、一致の見られなかった論点については継続して検討することになりました。

　その結果、第2弾として2017年8月にまとめられた結論に基づいて行われたものが2018年改正です。その後も、残された課題については検討が続けられることになっています。

Q2 2016年の消費者契約法改正の主な改正点はどんなことですか

Point

① 重要事項の追加
② 取消事由の追加。過量販売を取消事由に追加
③ 取消期間の延長
④ 不当条項に一項目を追加

改正点は、誤認や類型の対象となる重要事項の追加、過量販売を取消事由に追加、取消期間の延長、不当条項規定の追加です。

解説　Explanation

2016年改正の主な改正点は下記のとおりです。

1．重要事項の追加

消費者契約法４条１項、２項の対象になる「重要事項」に「物品、権利、役務その他の当該消費者契約の目的となるものが当該消費者の生命、身体、財産その他の重要な利益についての損害又は危険を回避するために通常必要であると判断される事情」を追加しました。

2．過量販売を取消事由に追加しました。

3．取消期間の延長

取消すことができる期間は追認できる時から６か月と定められていましたが、追認できるときから１年に改正しました。契約締結から５年間との

取消期間については改正されず、維持されました。

４．不当条項の追加

　不当条項に、消費者の債務不履行解除権、瑕疵担保責任による解除権を放棄させる条項を追加しました。

５．追加されなかった論点

　改正法の検討に当たり、検討すべき論点として指摘された点は多岐にわたっていました。検討時間の制限のために検討できなかった論点、検討されたものの調査会で委員全員の意見の一致が得られなかった論点など、多岐にわたっています。これらの論点については、調査会を継続的に維持して検討を続け、意見がまとまる都度改正される予定となりました。

　2018年には、2017年8月の段階で調査会の意見の一致が見られた論点については、改正されました。改正の内容は、本書の2018年改正点で説明しています。

Q 3 改正法が施行されるのはいつから
ですか。改正法は、施行日以前に
締結した契約にも適用されますか

Point ① 施行日は2017年6月3日
② 遡及効はない

 改正法の施行日は、2017年6月3日からです。改正法には
遡及効はなく、改正法が施行された日以後に締結された契約
に適用されます。

解説 **Explanation**

1．遡及効について

　改正法は、改正法施行日以降に締結された契約に適用されます。遡及効
はありません。

　改正法の施行日より前に締結した契約には、改正前の（その契約を締結し
た時点の）消費者契約法が適用されます。

　したがって、問題となっている契約が、いつ締結されたのかを確認する
ことが大切です。

2．施行日は2017年6月3日です。

4 重要事項の不実告知など、取消の対象
となる重要事項として改正法で新たに
追加された事項は何ですか。また、な
ぜ追加されたのでしょうか

Check　消費者契約法4条5号

Point
「物品、権利、役務その他の当該消費者契約の目的となる
ものが当該消費者の生命、身体、財産その他の重要な利益
についての損害又は危険を回避するために通常必要である
と判断される事情」が追加された

解 説　**Explanation**

1．はじめに

　重要事項について事実と異なることを告げて消費者を誤認させて契約さ
せた場合には、消費者は契約を取り消すことができます。この重要事項は、
改正前の消費者契約法4条4項では、契約の目的となるもの（つまり契約の
目的物）の質、用途その他の内容と、目的物の対価その他の取引条件に限
られていました。そのため、消費者のその契約を締結するかどうかの判断
に影響を及ぼす重要な事項であっても、上記に該当しない場合には契約の
取消は認められませんでした。

　しかし、現実の消費者契約をめぐるトラブルでは、消費者がその契約を
必要とするかどうかを左右する動機の形成について、消費者に誤解させて
契約に誘導するタイプの事例が多くみられます。典型的なものが、シロア
リは涌いていないのに「シロアリが涌いている。駆除しないと大変なこと
になる」と告げて契約をさせるケースや、根拠もないのに次の地震が来る
と家が倒壊する危険があると告げて住宅リフォーム契約を締結させるなど

の事例があります。

そこで、上記のような事例でも、取消ができるように重要事項を追加する必要があったわけです。

改正条文

4条

5　第1項第1号及び第2項の「重要事項」とは、消費者契約に係る次に掲げる事項（同項の場合にあっては、第3号に掲げるものを除く。）をいう。

一　物品、権利、役務その他の当該消費者契約の目的となるものの質、用途その他の内容であって、消費者の当該消費者契約を締結するか否かについての判断に通常影響を及ぼすべきもの

二　物品、権利、役務その他の当該消費者契約の目的となるものの対価その他の取引条件であって、消費者の当該消費者契約を締結するか否かについての判断に通常影響を及ぼすべきもの

三　前二号に掲げるもののほか、物品、権利、役務その他の当該消費者契約の目的となるものが当該消費者の生命、身体、財産その他の重要な利益についての損害又は危険を回避するために通常必要であると判断される事情

2．改正の内容

改正法では、重要事項に3号として「前二号に掲げるもののほか、物品、権利、役務その他の当該消費者契約の目的となるものが当該消費者の生命、身体、財産その他の重要な利益についての損害又は危険を回避するために通常必要であると判断される事情」を追加しました。

3．契約の動機づけについての不実の告知

消費者が「その契約の締結を必要とする事情」とは、契約を締結することにした理由・動機を意味します。事業者が、契約の締結の動機づけについて事実と異なることを告げて誤認させた場合にも、取消できるものとしました。

ただし、どのような動機かについては、「当該消費者の生命、身体、財産その他の重要な利益についての損害又は危険を回避するために通常必要

であると判断される事情」に限定されています。

　「財産上の損害を回避する」とは、「財産が目減りしない」とか「経済的損失を避けるため」ということです。たとえば、原野商法での二次被害では、ほとんど財産的価値がなく処分したくてもできずに困っている高齢者などに対して、「高額で買いたいと言っている人がいる」などと持ちかけて、測量・整地・売却のための広告掲載・別の原野の購入契約などをさせるケースがあります。これは、この機会を逃すと高額に換金処分する機会を失う危険があると誤認させるものです。改正法では、この種の原野商法の二次被害も取り消すことが可能となりました。

Q 5 過量販売が取消できることとなったということですが、なぜ導入されたのですか。また、訪問販売などの過量販売の解除とはどう違うのですか

Check 消費者契約法4条3項

Point 過量販売に該当する契約は取り消すことができる

解 説 Explanation

1．はじめに

　高齢者など判断力が低下した消費者が、同種の商品を日常生活に必要な分量を超えて非常識に大量に契約させられる被害が発生しています。この種の被害には、訪問販売や電話勧誘販売による攻撃的な手法によるものが少なくありません。

　一方では、店舗販売による被害もあります。たとえば判断力が低下した消費者が、自分から呉服店に出向いて入り浸るようになり、そこで次々と4000万円近くもの呉服を購入させられたなどという被害例があります。

　一度に大量の契約をさせるケースもありますが、一回当たりの契約内容は過量とはいえないものの、同種の商品を何回にもわたり繰り返し次々と契約させるいわゆる「次々販売」による被害例が増加しています。こうした被害では、消費者は、個別の契約ごとに勧誘の事実経過や自分が契約させられた経過を記憶していることはほとんど期待できません。また、言葉巧みに誘われるため、断固として契約を断ることができないシチュエーションにおかれていることも少なくないと推測されます。過量販売とは、判断力が低下するなど適切な判断ができない状況にある消費者に付け込んで不必要な契約をさせる「付け込み型」の被害を、契約内容の分量が著しく

過量と言うメルクマールに着目して違法性を定型化したものと考えることができます。

　以上のように、明らかにその消費者にとっては不必要な過大な分量の契約の締結について勧誘する行為は高い違法性があると考えられます。この種の被害例の救済としては、これまでは不法行為に基づく損害賠償請求や契約の効果を暴利行為などの公序良俗違反に当たるとして争うというものでした。しかし、こうした一般条項による解決は、要件が明確でなく不安定要素があって見通しが立ちにくく、定型化されていないため消費生活センターなどでは活用できず、消費者被害の救済のためには十分とはいえませんでした。

　そこで、違法性の高い過量販売について定型化して、取消制度の対象とすることにしたものです。

改正法条文

4条

4　消費者は、事業者が消費者契約の締結について勧誘をするに際し、物品、権利、役務その他の当該消費者契約の目的となるものの分量、回数又は期間（以下この項において「分量等」という。）が当該消費者にとっての通常の分量等（消費者契約の目的となるものの内容及び取引条件並びに事業者がその締結について勧誘をする際の消費者の生活の状況及びこれについての当該消費者の認識に照らして当該消費者契約の目的となるものの分量等として通常想定される分量等をいう。以下この項において同じ。）を著しく超えるものであることを知っていた場合において、その勧誘により当該消費者契約の申込み又はその承諾の意思表示をしたときは、これを取り消すことができる。事業者が消費者契約の締結について勧誘をするに際し、消費者が既に当該消費者契約の目的となるものと同種のものを目的とする消費者契約（以下この項において「同種契約」という。）を締結し、当該同種契約の目的となるものの分量等と当該消費者契約の目的となるものの分量等とを合算した分量等が当該消費者にとっての通常の分量等を著しく超えるものであることを知っていた場合において、その勧誘により当該消費者契約の申込み又はその承諾の意思表示をしたときも、同様とする。

２．過量販売とは

　取り消すことができる過量販売に該当するためには下記の点が必要です。

（１）　同種の商品を当該消費者にとって必要な分量を著しく超える分量を契約させていること。

　この場合の過量は、一件の契約の内容が過量である場合はもちろん、同種の商品を次々と契約させ、全体として過量になる場合も含まれます。

　過量かどうかの判断には、契約の内容となっている商品などがどんなものなのか、価格などの取引条件、消費者の生活状況や経済状況などを総合的に見て評価する必要があります。

　商品の数量が同じであっても高価な商品の場合には過量となる可能性が高いと言えます。一人暮らしの高齢者と、複数の家族で生活している場合とでは、生活に必要とされる通常の分量に違いがあります。

（２）　当該事業者が過量であることを知って勧誘したこと。

　たとえば、一人暮らしと分かっている高齢者に対して一件の契約で一人では到底使い切れない大量の商品を購入させる契約を締結させる場合には、「過量であることを知っている」と評価しやすいと思われます。次々販売の場合には、過去の契約の履歴を知っていたり、その消費者が既に持っている商品の分量を知っていたりすることが求められると考えられます。

３．特定商取引法による過量販売の規制との違い

　特定商取引法では、訪問販売と電話勧誘販売に関して、過量販売を禁止するとともに、契約締結から一年間は解除することができるとする消費者救済のための民事ルールを設けています。

　消費者契約法による過量販売の扱いと特定商取引法の扱いとは、どのように違うのでしょうか。

（１）　適用対象取引の違い

　特定商取引法では、訪問販売と電話勧誘販売のみが対象となります。また、同法26条で適用から除外されている取引も少なくありません。

　一方で、消費者契約法は、労働契約以外のすべての消費者契約が対象になります。たとえば、消費者が自分から店舗に出向いて行って過量販売の

契約をさせられた場合には、特定顧客取引に該当しなければ、特定商取引法による過量販売の規制は受けません。しかし、消費者契約法による過量販売には該当する可能性があります。

（2） 要件の違い

特定商取引法の過量販売解除と、消費者契約法の取消事由としての過量販売では、要件においても違いがあります。特定商取引法では、原則として、同種の商品などについて消費者が保有している分量や契約内容で判断します。消費者契約法では、事業者が当該消費者にとっては過量であることを知りながら勧誘して契約させた場合であることが必要とされています。

この違いは、消費者契約法は、消費者が自分の判断でその店舗に出向いて契約した場合なども含む、すべての消費者契約を対象にしているためだと考えられます。

（3） 民事効果の違い

特定商取引法では、過量販売に該当する場合には、その契約を解除することができます。解除した場合にはクーリング・オフの場合の清算条項が準用されます。つまり、過量販売を理由に契約を解除した場合にはクーリング・オフと同じ清算方法になります。解除できる期間は、解除する契約を締結した日から1年間です。

消費者契約法では、過量販売であれば取り消すことができます。取り消した場合には、契約当事者双方は原状回復義務を負いますが、消費者は現に利益を得ている範囲で返還すればよいとされています（民法改正に伴う改正により明文化されました。改正法6条の2）。

（4） 行政処分の有無

特定商取引法では、過量販売は禁止しています。違反があった場合には改善するよう指示することができ、改善されない場合には業務停止命令や禁止命令ができます。被害の拡大防止対策としての行政処分の制度があります。

消費者契約法は、民法の特別法です。したがって、同法には行政処分の制度はありません。違法行為の抑止対策としては、適格消費者団体による差止め訴訟制度が設けられています。

特定商取引法・訪問販売の条文

（通常必要とされる分量を著しく超える商品の売買契約等の申込みの撤回等）
第9条の2　申込者等は、次に掲げる契約に該当する売買契約若しくは役務
　提供契約の申込みの撤回又は売買契約若しくは役務提供契約の解除（以下
　この条において「申込みの撤回等」という。）を行うことができる。ただ
　し、申込者等に当該契約の締結を必要とする特別の事情があつたときは、
　この限りでない。
　一　その日常生活において通常必要とされる分量を著しく超える商品若し
　くは特定権利（第2条第4項第1号に掲げるものに限る。次号において同
　じ。）の売買契約又はその日常生活において通常必要とされる回数、期間
　若しくは分量を著しく超えて役務の提供を受ける役務提供契約
　二　当該販売業者又は役務提供事業者が、当該売買契約若しくは役務提供
　契約に基づく債務を履行することにより申込者等にとつて当該売買契約に
　係る商品若しくは特定権利と同種の商品若しくは特定権利の分量がその日
　常生活において通常必要とされる分量を著しく超えることとなること若し
　くは当該役務提供契約に係る役務と同種の役務の提供を受ける回数若しく
　は期間若しくはその分量がその日常生活において通常必要とされる回数、
　期間若しくは分量を著しく超えることとなることを知り、又は申込者等に
　とつて当該売買契約に係る商品若しくは特定権利と同種の商品若しくは特
　定権利の分量がその日常生活において通常必要とされる分量を既に著しく
　超えていること若しくは当該役務提供契約に係る役務と同種の役務の提供
　を受ける回数若しくは期間若しくはその分量がその日常生活において通常
　必要とされる回数、期間若しくは分量を既に著しく超えていることを知り
　ながら、申込みを受け、又は締結した売買契約又は役務提供契約
2　前項の規定による権利は、当該売買契約又は当該役務提供契約の締結の
　時から一年以内に行使しなければならない。
3　前条第3項から第8項までの規定は、第1項の規定による申込みの撤回
　等について準用する。この場合において、同条第八項中「前各項」とある
　のは、「次条第1項及び第2項並びに同条第3項において準用する第3項
　から前項まで」と読み替えるものとする。

Q6 取消期間はどのように改正されましたか。また、なぜ改正されたのですか

Check 消費者契約法7条

Point ① 追認できる時から6か月を、1年に改めた

解 説 Explanation

1．はじめに

2000年に消費者契約法が制定される際にも、消費者契約法による取消ができる期間をどうするかは大きな論点として検討されました。

消費者契約法による取消は、民法の詐欺・強迫による取消の特別規定として位置付けられています。詐欺・強迫による取消は、対等当事者間の契約を前提に、契約相手の内心の意思の形成にゆがみをもたらす干渉がなされた一定の場合に、表意者からの取消を認める制度です。対等当事者間を前提とするものであるために、表意者に干渉した相手方に二重の故意が必要であることや違法な欺罔行為があることなどを要件としています。

消費者契約では、契約当事者は、事業者と消費者という様々な格差がある者です。そのため消費者契約法では、情報の質と量の格差と交渉力の格差の是正を、事業者に対して求める内容となっています。

そこで、消費者契約法による取消制度では、民法の詐欺や強迫による取消の際に必要とされる事業者の二重の故意（錯誤に陥れる故意と錯誤に基づいて契約を締結させようとする故意）や事業者の行為の違法性（たとえば、違法な欺罔行為）を必要としていません。誤認による取消の場合には、たとえば、事業者が重要事項について事実と異なることを告げ（不実告知）、それによって消費者が誤認して契約を締結した場合には、取り消すことができます。

このように民法上の詐欺・強迫による取消よりも、取り消すことができるための要件が緩いことから、取消期間は民法上の詐欺や強迫による取消よりも短くするのが合理的であるとの考え方から検討が進められました。

　その結果、追認できる時から6か月、長くても契約締結から5年間と定められた経緯がありました。詐欺・強迫による取消期間は、追認できる時から5年間、行為（つまり、契約締結）から20年間（民法126条）と定められているのと比較すると、大変短くなっていました。

　消費者契約法の取消期間は、制定当時から短すぎて消費者被害救済には結び付かないのではないかとの強い批判がありました。産業界からは、簡単には取消できないのは当然であるかのような意見もありましたが、取消事由に該当する行為をしながら消費者にはめったに取消できないようにすべきとも解釈できるような意見には強い批判があったのでした。

改正法条文

（取消権の行使期間等）

第7条　第4条第1項から第4項までの規定による取消権は、追認をすることができる時から1年間行わないときは、時効によって消滅する。当該消費者契約の締結の時から5年を経過したときも、同様とする。

2．改正点

　改正法では、「追認をすることができる時から1年間行わないときは、時効によって消滅する。」としました。契約締結時から5年間とする部分は維持されました。

　このように改正されたのは、消費生活センターなどの相談実務では、契約締結から6か月を超えてから相談に来る事例が少なくなかったという実情によります。相談に来た消費者から、詳しく事実関係を聞いていくと不実告知や困惑などの取消事由に該当する行為がある。しかし、契約してから一年近くもたってしまっているなどのケースが多く見られました。そうすると、ケースによっては、もう取消期間が経過してしまっていて取消ができない可能性が高いということになってしまいます。

　なぜこのようなことが起こるかと言うと、契約締結後、消費者がなんと

なく腑に落ちない、納得がいかないという気持になり、その後に消費生活
センターなどの専門機関に相談するまでに何か月も経過してしまっている
ことが少なくないためです。消費者は、消費者契約法などは知らないこと
が普通で、自分自身で取消できるかどうかなどの判断は適切にはできませ
ん。身の回りの知り合いや家族なども似たようなものなので、問題がある
と感じていろいろな人に相談をし、ようやく消費生活センターなどを教え
られて相談するということが多いためと考えられます。

　制定後の施行実態からこのような事実が明らかとなり、追認できる時か
ら6か月ではあまりに短すぎることから、追認できる時から1年と改正さ
れたものです。

3．特定商取引法の取消期間

　特定商取引法にも、訪問販売・電話勧誘販売・連鎖販売取引・特定継続
的役務提供取引・業務提供誘引販売取引には、事業者による不実告知など
によって誤認に陥って契約した場合には、消費者はその契約を取り消すこ
とができる制度があります。この場合の取消期間も、消費者契約法の取消
期間と同様に「追認できる時から6月、契約締結日から5年間」と定めら
れていました。2016年の消費者契約法の改正と連動して、2016年の特定商
取引法の改正の際に、取消期間を「追認できるときから1年」と改正しま
した。

Q 7 無効とされる不当条項に追加されたのは、どのような条項ですか

Check 消費者契約法8条の2

Point
① 民法上、消費者が解除権があるのに、解除権を放棄させる条項が無効とされた

解 説 Explanation

1. はじめに

　民法では、債務者に債務不履行があり、不履行の程度が重大で契約を締結した目的を達成できない場合には、その契約を債務不履行解除できるとの規定があります。さらに、売買契約では、契約に基づいて引き渡された商品に隠れた瑕疵があり、その意思が重大で契約を締結した目的を達成することができないときにも、契約を解除することができる旨を定めています。

　ところが、消費者契約では、契約条項で、事業者に債務不履行や瑕疵担保責任がある場合でも、一切契約の解除はできないものと定めているケースがあります。

　事業者にどのような重大な債務不履行などがあったとしても、消費者は債務不履行解除ができないとする規定は、消費者契約法10条に定める不当条項に該当し無効とされる可能性があります。しかし、10条による不当条項に該当するためには民法などの法令の任意規定に比べて消費者の権利を制限しているだけでなく、信義誠実の原則に反するものであることが必要とされています。そのため、債務不履行による契約解除や瑕疵担保責任による契約解除ができないとする条項だから、直ちに無効であるとはいいき

れません。消費生活センターなどの実務では活用しにくいのが実情でした。

　こうしたことから、不当条項として無効であることを明確化しておく必要があったため、導入されました。

改正法条文
　　⇒　2017年民法改正に伴う改正がされています。
　　　　上記の改正は、別途取り上げています（→27頁参照）。

（消費者の解除権を放棄させる条項等の無効）
第8条の2　次に掲げる消費者契約の条項は、無効とする。
一　事業者の債務不履行により生じた消費者の解除権を放棄させ、又は当該事業者にその解除権の有無を決定する権限を付与する条項
二　消費者契約が有償契約である場合において、当該消費者契約の目的物に隠れた瑕疵があること（当該消費者契約が請負契約である場合には、当該消費者契約の仕事の目的物に瑕疵があること）により生じた消費者の解除権を放棄させ、又は当該事業者にその解除権の有無を決定する権限を付与する条項

２．改正の内容

　民法上、消費者が契約を解除することができる権利を持つ場合としては、下記の２つがあります。第１は、事業者に債務不履行がある場合です。第２が、売買契約などの有償契約において、事業者が引き渡した商品などに隠れた瑕疵がある場合です。

　改正では、この２つの場合について、消費者に契約を解除することができないとする契約条項を無効と定めました。

　したがって、事業者に債務不履行や瑕疵担保責任があり、その結果契約を締結した目的を達成することができない場合には、上記の特約を設けていたとしても無効であり、消費者は民法の規定によりその契約を解除できることになります。

３．実例など

　インターネットでの取引などでよくみられる条項に「いかなる場合にも、

一切契約の解除はできません。」などの条項が設けられている場合があります。販売業者は、商品に欠陥があって使うことができないために消費者が交換や契約解除などの主張をしても「商品は引渡し済み」「契約解除はいかなる場合もできないと契約条項に明記してある。契約どおり。」と主張する場合があります。

　このような場合でも、販売業者が修理や交換に応じようとせず、購入した商品が使用できない場合には債務不履行解除ができます。契約条項で、「一切解除できない」との条項を設けているのは「消費者が債務不履行解除権を放棄させる条項」に該当します。したがって、この条項は無効であり、消費者は民法に基づいて債務不履行解除ができるということになります。

Q 8　2017年に民法（債権法）が改正されました。消費者契約法で、民法改正に伴って改正された部分はありますか

Check　消費者契約法6条の2、8条2項、8条の2

Point
① 取消した場合の清算規定
② 不当条項に関する8条の瑕疵担保責任に関する規定
③ 不当条項に関する8条の2の規定

民法改正で、申込又は承諾の意思表示が取消された場合の現状回復義務規定の新設がされました。また、改正民法で売買契約の瑕疵担保責任が削除され債務不履行責任に一本化されました。

そこで、これらに関係する消費者契約法の条文も改正されました。

解 説　Explanation

1．はじめに

2017年改正民法では、契約を取り消した場合の原状回復義務の規定を新設し、瑕疵担保責任の規定を削除して、新たに有償契約において引き渡された商品が契約の内容に適合しない場合に関する追完請求権、代金などの減額請求権に関する規定を設けました。また、この場合の契約解除については債務不履行解除の対象とするものとしました。

こうした民法改正に伴って消費者契約法も改正された部分があります。消費者契約法の改正は、民法の一部を改正する法律の施行に伴う関係法律の整備等に関する法律（いわゆる整備法）によるものと、2018年改正消費者

契約法によるものがあります。

2. 改正点

　民法改正に伴って改正されたのは下記の点です。

・取消した場合の原状回復に関する規定の新設

・不当条項に関する8条（事業者の損害賠償責任を免除する条項）の改正

・不当条項に関する8条の2（消費者の解除権を放棄させる条項）

です。

Q9 消費者契約法第4条の取消事由によって消費者契約を取り消した場合の清算方法に関する規定が設けられたということですが、どのような理由で、どのような内容の規定が設けられたのですか

Check 消費者契約法第6条の2

Point ① 改正民法の原状回復義務規定の新設
② 消費者契約法による原状回復義務の新設

 民法上の「取消・無効」の規定の部分に契約が無効である場合の清算方法を明確化した規定を導入する必要があるとして改正民法121条の2の規定が新設されたことを受けて、消費者契約法改正第6条の2の規定が新設されました

解説 Explanation

1. 問題の所在

　2017年改正前の民法では、無効な契約に基づいて給付がなされた場合についての清算規定は設けられていませんでした。たとえば、契約締結後に民法上の詐欺を理由にその契約を取り消した場合には、契約当事者双方は取消されたことによって無効となった契約を締結する以前の状態に巻き戻す必要があるわけですが、その場合の規定は設けられていませんでした。そこで、巻き戻すための清算方法は、民法703条の規定（…不当利得の返還義務に関する規定…第703条　法律上の原因なく他人の財産又は労務によって利益を受け、そのために他人に損失を及ぼした者（以下この章において「受益者」という）は、その

利益の損する限度において、これを返還する義務を負う）によるものと解釈運用されていました。

　しかし、民法改正の検討の中で、これではわかりにくいために、「取消・無効」の規定の部分に契約が無効である場合の清算方法を明確化した規定を導入する必要があるとして改正民法121条の2の規定が新設されました。

　消費者契約法でも、消費者契約を同法に基づいて取消した場合の清算方法に関する規定は設けられていませんでした。消費者契約法は民法の特別法であることから、消費者契約法に規定がない場合には、一般法である民法の規定によることになります。そこで、消費者契約法による取消の場合にも、民法703条に基づいて清算処理されていました。703条の解釈運用に当たっては、消費者契約法は、事業者と消費者との情報の質や量の格差及び交渉力の格差に着目し、これらの格差に付け込んで消費者に契約を押し付けた場合の救済ルールとして民法の特別法として制定されたものであるとの法律の目的に基づいて解釈されていました。具体的には、同法の「その利益の損する限度において、これを返還する義務を負う」との規定を、事業者の給付により消費者が現に利益を得ている限度で返還する義務があるものとして運用されてきたわけです。

　このような考え方は、情報や交渉力で優位に立つ事業者が、格差を是正せず、逆に格差に付け込んで消費者に契約を押し付けた上で、その消費者契約が消費者によって取り消しされる前に給付をしてしまえば、消費者が利益を得たものとして事業者が契約上で設定した対価を得ることができるとすれば、格差を是正することを目的とした同法の趣旨に反することとなり、事業者のやり得がまかりとおり、取消制度の存在意義がなくなってしまうためです。

　2017民法改正で取消・無効の場合の清算ルールが明確化されると、消費者契約法に清算ルールが定められていないと、一般法である民法によることとなるため、消費者契約法よる取消の場合も改正法121条の2によることになります。そうなると、従来の消費者契約法による取消の場合の清算方法が維持できないという不都合な結果となります。

> 改正民法の条文
>
> 第121条の2
>
> 　無効な行為に基づく債務の履行として給付を受けた者は、相手方を原状に復させる義務を負う。
>
> 　2項以下は省略

> 改正後条文
>
> 第6条の2　民法第121条の2第1項の規定にかかわらず、消費者契約に基づく債務の履行として給付を受けた消費者は、第4条1項から第4項までの規定により当該消費者契約の申込又は承諾の意思表示を取り消した場合において、給付を受けた当時その意思表示を取り消すことができるものであることを知らなかったときは、当該消費者契約によって現に利益を受けている限度において、返還の義務を負う。

2．2018年消費者契約法改正

　以上の問題点があることから、2018年の消費者契約法の改正第6条の2の規定が新設されました。同条では、「給付を受けた当時その意思表示を取り消すことができるものであることを知らなかったときは、当該消費者契約によって現に利益を受けている限度において、返還の義務を負う。」と定めています。

　この規定は、実質的な改正ではなく、2017年改正民法以前から行われていた取り消した場合の清算方法を維持するために設けられた規定です。

3．施行日

　この規定は、改正民法の施行日（2020年4月1日）から施行されます（消費者契約法の一部を改正する法律（平成28年法律61号）附則第1条2号）。

　改正民法施行前に締結された契約は、改正前の消費者契約法と民法によることになりますが、改正法施行前に締結された契約でも施行後に締結された契約でも、実務上の取扱いに変化はありません。

4．「現に利益を受けている限度」の意味

　「現に利益を受けている限度」とは、短く縮めて「現存利益」とも言います。「現存利益」による清算方法とはどのようなものでしょうか。

　たとえば、事業者から、シロアリなどは涌いていないのに、「シロアリが涌いているので、駆除しないと大変なことになる」などと不実を告げられて契約を締結し、事業者が契約に基づいてシロアリ駆除をした場合には、そもそもシロアリは涌いておらず駆除の必要はなかったわけであり、消費者は駆除によって利益を得ていないので、事業者に対して支払う義務はなく、事業者は消費者から受け取った契約金は全額返還する義務があることになります。

　事業者が健康食品を販売するに当たり、薬効がないのに薬効がある旨の説明をして消費者に誤認させて契約し、契約に基づいて引き渡された健康食品を消費者が食べてしまった場合はどうでしょうか。この場合には、効果を期待して購入して食べたとしても、消費者は利益を得ていません。手元に残っている健康食品が、「現に利益がある」状態と言うことになります。したがって、この場合には手元に残っている健康食品を返還すればよいということになります。事業者は、契約に基づいて受け取った金銭の全額を返還する義務を負います。

10 2017年民法改正に伴う不当条項に関する消費者契約法8条に関する改正はどのような内容ですか

Check 消費者契約法8条

Point
① 消費者契約法8条1項5号の削除
② 同条2項の改正

 2017年民法改正では、売買契約に関する瑕疵担保責任（改正前570条）が削除され、新たに債務の履行が契約内容に適合しない場合の規定（改正法562条）が設けられました。消費者契約法8条の瑕疵担保責任に関する規定が、上記改正に伴って改正されました。

解 説 **Explanation**

1. はじめに

2017年改正民法では、改正前の瑕疵担保責任の規定（570条）を削除し、かわりに買主の追完請求権に関する規定（改正法562条、下記条文）を新設しました。売買契約などで、引き渡された商品が契約の内容に適合しない場合の契約の解除や損害賠償責任については、債務不履行に関する規定によるものとしました。つまり、改正前は瑕疵担保責任として処理していたものを債務不履行責任に一本化したわけです。

こうした民法改正にあわせて、民法の一部を改正する法律の施行に伴う関係法律の整備等に関する法律（いわゆる整備法）において、消費者契約法8条の不当条項制度も瑕疵担保責任を削除して、契約の内容に適合しない場合の買主等の追完請求権に合わせる改正をしました。

改正民法条文

（買主の追完請求権）

第562条　引き渡された目的物が、種類、品質または数量に関して契約の内容に適合しないものであるときは、買主は、売主に対し、目的物の修補、代替物の引渡し又は不足分の引き渡しによる履行の追完請求することができる。ただし、売主は、買主に不相当に負担を課するものでないときは、買主が請求した方法と異なる方法による履行の追完することができる。

2　前項の不適合が買主の責めに帰すべき事由によるものであるときは、買主は、同項の規定による履行の追完の請求をすることができない。

（買主の代金減額請求権）

第563条

前条第一項に規定する場合において、買主が相当の期間を定めて履行の追完の催告をし、その期間内に履行の追完がないときは、買主は、その不適合の程度に応じて代金の減額を請求することができる。

2項以下省略

（買主の損害賠償請求権及び解除権の行使）

第564条

前二条の規定は、第415条の規定による損害賠償の請求並びに大541条及び542条の規定による解除権の行使を妨げない。

改正法条文

8条2項

前項第1号又は2号に掲げる条項のうち、消費者契約が有償である場合において、引き渡された目的物が種類または品質に関して契約の内容に適合しないとき（当該消費者契約が請負契約である場合には、請負人が種類または品質に関して契約の内容に適合しない仕事の目的物を注文者に引き渡したとき（その引き渡しを要しない場合には、仕事が完了した時に仕事の目的物が種類または品質に関して契約の内容に適合しないとき。）。以下この項において同じ。）に、これにより消費者に生じた損害を賠償する事業者の責任を免除かる者については、次に掲げる場合に該当するときは、同

項の規定は、適用しない。
一　当該消費者契約において、引き渡された目的物が種類または品質に関
して契約の内容に適合しないときに、当該事業者が履行の追完をする責任
又は不適合の程度に応じた代金若しくは報酬の減額をする責任を負うこと
とされている場合
二　当該消費者と当該事業者の委託を受けた他の事業者との間の契約又は
当該事業者と他の事業者との間の当該消費者のためにする契約で、当該消
費者契約の締結に先立って又はこれと同時に締結されたものにおいて、引
き渡された目的物が種類または品質に関して契約の内容に適合しないとき
に、当該他の事業者が、その目的物が種類または品質に関して契約の内容
に適合しないことにより当該消費者に生じた損害を賠償する責任の全部若
しくは一部を負い、瑕疵のない物をもってこれに代える責任を負い、又は
履行の追完をする責任を負うこととされている場合

２．８条１項５号の削除

　同号の規定は、瑕疵担保責任としての損害賠償責任に関する免責条項を
不当条項とする規定でした。

　改正民法では、瑕疵担保責任の規定を削除したことから、同号の規定も
削除されたものです。

　改正民法では、売買契約などの有償契約により引き渡れた目的物が契約
の内容に適合しない場合には、民法415条による損害賠償請求を妨げない
と規定しており（改正法564条）、債務不履行による損害賠償請求権として扱
われることになります。

３．８条２号の改正

　消費者契約法８条２項では、販売業者などが損害賠償責任に関して全部
を免責する条項を設けている場合でも、消費者を救済する仕組みとなって
いる一定の場合については、全部免責条項であっても有効としています。

　改正前は、瑕疵担保責任の場合について規定し、「当該消費者契約の目
的物に隠れた瑕疵があるとき」との定め方をしていました。

　改正民法では、瑕疵担保責任の規定を削除し、引き渡された目的物が契

約の内容に適合しない場合の追完請求権と代金減額請求権（改正民法562条・563条）に改められたことから、一号の「当該消費者契約において、当該消費者契約の目的物に隠れた瑕疵があるときに、当該事業者が瑕疵のない物をもってこれに代える責任又は当該瑕疵を修補する責任を負うこととされている場合」との規定を改正民法に合わせる内容に改正しました。

　2号についても、改正前の「当該消費者と当該事業者の委託を受けた他の事業者との間の契約又は当該事業者と他の事業者との間の当該消費者のためにする契約で、当該消費者契約の締結に先立って又はこれと同時に締結されたものにおいて、当該消費者契約の目的物に隠れた瑕疵があるときに、当該他の事業者が、当該瑕疵により当該消費者に生じた損害を賠償する責任の全部若しくは一部を負い、瑕疵のない物をもってこれに代える責任を負い、又は当該瑕疵を修補する責任を負うこととされている場合」について、「隠れた瑕疵」との表現を改正民法の「引き渡された目的物が種類または品質に関して契約の内容に適合しないときに、」と合わせる改正をしました。

4．施行日

　整備法に基づき改正は、2017年改正民法の施行日（2020年4月1日）から施行されます。施行日以降に締結された契約に適用されます。施行日より前に締結された契約には、改正前の消費者契約法が適用されます。

Q 11 不当条項に関する8条の2の改正点はなんですか

Check 消費者契約法8条の2

Point ① 1号と2号の規定が削除され、不当条項とされる解除権放棄条項の対象が、債務不履行解除に一本化された

　　不当条項に関する8条の2の規定は、2017年民法改正に伴って次のように改正されました。

解説 **Explanation**

1．はじめに

　2017年民法改正では、瑕疵担保責任に関する規定が削除されました。売買契約などの有償契約に基づいて引き渡された商品などが契約の内容に適合しない場合の契約解除は、債務不履行解除に一本化されました。

　民法改正に伴って、整備法で消費者契約法8条の2を改正しました。

改正条文
第8条の2
　事業者の債務不履行により生じた消費者の解除権を放棄させ、又は当該事業者にその解除権の有無を限定する権限を付与する消費者契約の条項は無効とする。

2．改正の内容

　2017年改正民法では、瑕疵担保責任の規定（改正前570条）が削除され、

引き渡した目的物が契約の内容に適合しない場合の制度に改められました（562条・563条）。また、その場合の契約解除については、債務不履行による契約解除に一本化されました。

　それに伴って、改正前の消費者契約法では、債務不履行解除権と瑕疵担保責任に基づく契約解除権について、消費者に放棄させる条項を無効と定めていたものを、民法の一部を改正する法律の施行に伴う関係法律の整備等に関する法律（いわゆる整備法）において、債務不履行解除権に一本化する改正をしました。

3．施行日

　整備法に基づき改正は、2017年改正民法の施行日（2020年4月1日）から施行されます。施行日以降に締結された契約に適用されます。施行日より前に締結された契約には、改正前の消費者契約法が適用されます。

2018年改正のポイント

Q 12 2018年の消費者契約法の改正の経緯について教えてください

Point
① 2016年改正で積み残した部分
② 2018年民法改正に対する配慮

解 説 Explanation

1．はじめに

　消費者契約法は、2016年に改正されています。この改正点については、前述しています。それにもかかわらず、2年後に再び改正されたのはなぜか、通常の法律の改正から言うと不思議な印象があるというのも無理はないかもしれません。

　2018年改正は、大きく2つの理由によるものです。第1は、2016年改正が十分なものではなかったこと、第2には2018年民法改正により、民法の成年年齢が20歳から18歳に引き下げられたことです。（なお、改正民法の施行日は、2022年4月1日からです）。以下に2点について説明します。

2．2016年改正が不十分であったこと

　消費者契約法の2016年改正は、2000年に制定された消費者契約法の実定法部分に関する初めての改正でした。それ以前の消費者契約法は、差止め訴訟制度の導入といった手続き関係の改正でした。

　2000年の制定時には、国会の附帯決議で、施行後5年を目途に見直すこ

ととされていました。制定当時から、審議の時間が不十分であったことや民法の特別法として消費者契約に関する一般法としてのはじめての制定であることなどから、必ずしも十分な内容とはなっていないことが認識されていましたので、施行してみて5年程度で見直しをすることになっていました。しかし、いろいろな事情から施行後5年の見直しはできず、先送りにされていました。2016年改正は、制定後初めての見直しでした。

　そのため、検討すべき課題は多岐にわたっていました。消費者委員会消費者契約法専門調査会では、当初に予定された時間内では到底すべての論点についての検討は時間的な制約があったり、委員の間の意見の対立があるなどして、すべての論点についての結論を出すことはできませんでした。むしろ、多くの論点のごく一部についてしか結論を出すことができませんでした。

　そこで、2016年改正は、意見の一致をみることができた点についてのみ、とりあえず改正することとしたものでした。そのまま専門調査会は残し、残された論点については継続的に検討を続け、以後、論点がまとまる都度改正を進めることになりました。2017年8月にまとめられた専門調査会の報告に基づいて2018年改正がなされました。

　ただ、2017年報告でも、ごく一部の論点について意見の一致を見たにすぎませんでした。まだまだ多くの論点が残されています。今後も見直しについての検討が進められ、まとまる都度改正が進められる見込みです。

３．成年年齢引き下げに対する対応

　2015年に公職選挙法が改正され、選挙年齢が20歳から18歳に引き下げられました。それに伴い、選挙年齢が18歳であれば、契約責任なども当然に引き下げるべきだろうといった論調が強くなり、強い反対意見があったにもかかわらず、十分な議論がないままに2018年に民法が改正され、成年年齢が18歳に引き下げられました。

　18歳とは、多くの場合高校三年生の誕生日ということになります。社会経験もほとんどないままに未成年者保護が及ばなくなることには危惧するとの指摘がなされていましたが、民法上の配慮はされないままに成年年齢

のみが引き下げられました。政府は学校教育の中で消費者教育をしっかり行うことにより対応できるようにすると説明しています。

　こうした状況の中で、18歳、19歳など社会経験がほとんどない若者の契約被害に対する配慮が必要であるとの視点から、改正されることになりました。

13 2018年改正の概要を教えてください

Point
① 事業者の努力義務規定の改正
② 困惑による取消に、付け込み型の類型から 6 類型を追加
③ 不当条項のブラックリストに 2 類型を追加

 改正点は、事業者の努力義務、取消制度の拡充、不当条項の追加です。

解 説　　Explanation

2018年改正の主な改正点は下記のとおりです。

1．事業者の努力義務規定

消費者契約法 2 条 1 項では、事業者の努力義務について定めています。この規定は、改正前は「一般消費者」を基準にしたものでした。2018年改正では、「個別の消費者」に応じた配慮を求める内容に改正されました。

2．不利益事実の不告知制度を活用しやすく

取消事由の不利益事実の不告知は、要件が複雑で活用しにくいとの消費生活相談の現場からの強い批判がありました。また、現実にあまり利用されていませんでした。

そこで、活用しやすくするために、不利益事実を故意に告げなかった場合のみに限定されていましたが、重大な過失によって告げなかった場合にも取消できるものと改正しました。

３．取消事由の追加

　取消事由のうち、困惑による取消事由として、高齢者や若者に被害が多い、消費者の弱い状況に付け込んで困惑させて契約させる「付け込み型」の不当な勧誘行為のうち、被害が多い形態のものとして下記の６類型を取消事由として追加しました。ただし、追加された困惑類型の取消事由は適用要件が細かく定められているので、事実関係の丁寧な把握が重要になっています。細かい要件については、それぞれの制度の説明の部分を参照してください。

　①社会生活上の経験不足による不安に付け込む場合
　②いわゆるデート商法など
　③高齢者などの不安に付け込む場合
　④いわゆる霊感商法など
　⑤契約締結前に原状回復ができない債務の履行をすることにより契約を
　　押しつける場合
　⑥契約締結前に調査などの事前準備や上記以外の債務の履行をするなど
　　して契約を押しつける場合

４．不当条項の追加

　無効となる具体的な不当条項として、次の二点を追加しました。
　①消費者が成年後見・保佐・補助の開始の審判を受けたことのみを理由
　　に契約を解除することができるとする条項。
　②事業者の損害賠償責任の有無や額などを事業者が決めるとする条項。
　　この規定については、独立した条文を新規に定めるのではなく、従来
　　の不当条項の条文（８条、８条の２）を訂正する形で盛り込みました。

14 改正法が施行されるのはいつから ですか。改正法は、施行日以後に なればすべての消費者契約に適用 されるのですか

Point
① 施行日は2019年 6 月15日
② 遡及効はない

A　　改正法の施行日は、改正法が公布された日から一年が経過した日の2019年 6 月15日からです。改正法には遡及効はなく、改正法が施行された以後の契約に適用されます。

解　説　　**Explanation**

　改正法は、改正法施行日以降の契約に適用されます。遡及効はありません。

1 ．施行日は2019年 6 月15日です。

2 ．取消制度の適用

　施行日以降に契約の締結についての勧誘行為が行われ、その勧誘行為に取消事由に該当する事実があった場合には、改正法の適用があります。

　契約締結が施行日以降であれば、改正法施行日よりも前にその契約の締結についての勧誘行為がなされ、その勧誘行為に取消事由に該当する行為があった場合にも、改正法が適用されます。

　取消事由に該当する勧誘行為が行われた時点で施行されていた法律が適用されるのではなく、契約を締結した時点で施行されていた法律によることになる点がポイントです。

3．不当条項制度の適用

　契約締結日が改正法施行以後であれば、改正法が適用されます。改正法施行日より前に契約の締結がされている場合には、改正前の法律が適用されます。

Q 15 3条1号の事業者の努力義務のうち、事業者が契約条項を定める際の努力義務は、どのように改正されましたか

Check 消費者契約法3条1項

Point ① 解釈について疑義が生じないようにとの規定を設けた

解 説 Explanation

1. はじめに

　3条1号では、事業者と消費者との間に情報の質と量の格差と交渉力の格差があることにより、構造的に消費者被害が発生するものであることから、事業者に対して、格差是正のための努力義務を課すことにより、消費者被害の防止を図ろうとする趣旨で定められた規定です。

　改正前の3条1号の前段では、消費者契約の内容が消費者にとって明確かつ平易なものとなるよう配慮することと定められていました。

改正法条文
第3条　事業者は、次に掲げる措置を講ずるよう努めなければならない。
　一　消費者契約の条項を定めるに当たっては、消費者の権利義務その他の消費者契約の内容が、その解釈について疑義が生じない明確なもので、かつ、消費者にとって平易なものになるよう配慮すること。
　二　消費者契約の締結について勧誘をするに際しては、消費者の理解を深めるために、物品、権利、役務その他の消費者契約の目的となるものの性質に応じ、個々の消費者の知識及び経験を考慮した上で、消費者の権利義務その他の消費者契約の内容についての必要な情報を提供すること。

２．改正の内容

　改正法では、改正前の前段を１号と改めた上で「消費者契約の条項を定めるに当たっては、その解釈について疑義が生じない明確なもので、かつ消費者にとって平易なものとなるように配慮すること」と改めました。

　客観的に見て解釈に疑義が生じないようにすべきことを、明確に努力義務として定めた点にポイントがあります。一見すると明確なように見えても、実務では解釈をめぐって微妙な問題が起こる場合もあるので、このような点を考慮して明確化したものです。

16 契約条項で解釈に疑義が生ずる具体例にはどのような条項が考えられますか。また、解釈上、疑義が生じた場合にはどのように解釈されることになりますか

Check　消費者契約法3条1項1号

Point　① 契約条項で、法律上の権利義務について定める条項で、「A、Bは…」と定められている場合

解 説　**Explanation**

1．解釈上の疑義が生ずる具体例

　AとBとの契約で、権利義務について定める条項において、「A、Bは…」と定めている場合などがあげられます。

　この条項の解釈としては、「AとBは…」と解釈する余地がある一方で、「AまたはBは…」とも解釈する余地があります。このように解釈の仕方が複数あるような条項の定め方をしていると、一義的に明確に解釈することができないため、契約当事者双方は自分に都合がよいように解釈しようとして紛争が起こります。また、どのように解釈すべきかを巡って紛糾します。

2．努力義務規定を定めた意味

　上記のように紛糾した場合に、どのように解釈すべきでしょうか。事業者側としては、「当社が定めた条項だから、当社の解釈が正しい」と主張してくることが多いと思われます。

　努力義務規定は、法律の解釈運用における指針としての意味を持ちます。

そこで、消費者契約法で、事業者には「解釈上疑義が生じない明確なものとすべき」義務があることを明確化する規定を設けていることからすれば、努力義務ではあっても法的義務である評価できます。このことから、解釈上疑義がある条項の解釈に当たっては、その条項を定めた事業者による解釈によるのではなく、法律上の義務を怠った事業者に不利に、したがって、消費者に有利に解釈すべきである考える根拠となるものと考えられます。

17 消費者契約法３条１項の事業者の努力義務のうち、情報提供義務に関する規定は、どのように改正されましたか

Check　消費者契約法３条１項２号

Point　① 個々の消費者の知識、経験を考慮した上で、必要な情報を提供することと改正された

解 説　Explanation

1．改正前

　改正前法では、３条１項後段で「消費者契約の締結について勧誘をするに際しては、消費者の理解を深めるために、消費者の権利義務その他の消費者契約の内容についての必要な情報を提供するよう努めなければならない。」と定めていました。

　一般的な消費者を前提にした情報提供義務規定となっていました。

2．改正点

　改正法では、後段を２号と改めた上で「…消費者契約の目的となるものの性質に応じ、個々の消費者の知識及び経験を考慮した上で…必要な情報を提供する…」としました。

　契約の内容によって、また、その種の契約に関して当該消費者がどの程度の知識や経験があるかによって、同じ情報提供を受けたとしても理解度が異なってくることは当然です。そこで、改正法では、一般的な消費者を基準にして一律に情報提供のレベルを考えればよいのではなく、個々の消費者の知識や経験等に応じた情報提供をすべきことを努力義務としたものです。

18 不利益事実の不告知に関する条文は、どのように改正されましたか。また、それはなぜですか

Check 消費者契約法4条2項

Point ① 故意による不告知だけでなく、重大な過失による不告知も取消できるものとした

解 説 Explanation

1. 問題の所在

改正前法では、重要事項の不告知については、故意による不告知の場合のみ取り消し対象と定めていました。

しかし、実務で、事業者が重要事項について告げなかった場合に、事業者に故意があることを証明することは大変な困難が伴っていました。事業者が、「いや、故意等なかった」と主張してくると、どのようにして事業者の故意を証明することができるかという困難な問題に直面してしまうためでした。

ここでいう故意とは、「その不利益を消費者が知らないことを知りながら、あえて説明しないこと」を意味します。

このようなことも1つの原因となって、取消事由のうち故意による不告知は活用しにくい規定として強い批判がありました。

改正法条文
4条
2 消費者は、事業者が消費者契約の締結について勧誘をするに際し、当該消費者に対してある重要事項又は当該重要事項に関連する事項について当

該消費者の利益となる旨を告げ、かつ、当該重要事項について当該消費者の不利益となる事実（当該告知により当該事実が存在しないと消費者が通常考えるべきものに限る。）を故意又は重大な過失によって告げなかったことにより、当該事実が存在しないとの誤認をし、それによって当該消費者契約の申込み又はその承諾の意思表示をしたときは、これを取り消すことができる。ただし、当該事業者が当該消費者に対し当該事実を告げようとしたにもかかわらず、当該消費者がこれを拒んだときは、この限りでない。

2．改正の内容

　そこで、改正法では、事業者が故意によって告げなかった場合に加えて、重大な過失によって告げなかった場合にも取り消すことができることとしました。これにより、取消できる場合が広がりました。

　重大な過失とは、「わずかな注意をすれば結果を予見することができたのに、漫然と看過した」場合を意味するものです。

3．残された課題

　ただし、取消事由である不利益事実の不告知が、実務で活用しにくいと批判されている理由は、「故意に告げない」場合にのみ限られていたというだけではありません。

　不利益事実の不告知に該当するためには、「その契約により消費者が被る不利益について説明しない」というだけではなく、「その契約の重要事項に関して、消費者にとって利益となることを告げている」という先行要件が必要とされています。この先行要件が満たされていない場合には、事業者が、消費者にとっての不利益を告げなかったため、消費者が「不利益はない」と誤認して契約を締結したとしても契約を取り消すことはできません。

　不利益事実の不告知で、なぜ先行要件が必要とされているのか、この先行要件は削除すべきではないのか、などの論点もあります。この点については、専門調査会で今後検討すべき課題として位置付けられています。

Q 19 事業者が、消費者が社会生活上の経験が乏しいことに付け込んで契約を締結させた場合には契約の取消ができるようになったということですが、概要を教えてください

Check 消費者契約法4条3項3号、4号

Point
① 事業者が、消費者の社会生活上の経験が乏しいことに付け込んで困惑させて契約させた場合には次の2類型の取消事由を追加した。
② 社会生活上の経験が乏しいことによる不安に付け込んだ場合
③ 社会生活上の経験が乏しいことに付け込んで恋愛感情などを抱かせて契約させた場合

解説 Explanation

1．はじめに

　消費者が置かれている弱い状況を濫用して、これに付け込んで消費者が正常で適切な選択が難しい状態に追い込んで契約をさせるタイプの被害は少なくありません。このような手法を「状況濫用型」とか「付け込み型」の不当な勧誘などといいます。

　ここではとりあえず「付け込み型」の勧誘と言うことにします。

　付け込み型の勧誘の典型的なものとしては、若者などの社会的な経験が不足している状況に付け込んで契約を締結させるタイプの被害があります。

　2018年民法改正で成年年齢が20歳から18歳に引き下げられました。改正

民法が施行される2022年4月1日以降は、生活上の経験が乏しい18歳、19歳の若年が成年となり、未成年者として保護されなくなります。そこで、若年の成年に対する配慮が必要であるということから、若者などに被害が多い典型的なものを取消事由として追加することにしたものです。

　取消事由として新たに定められたのは、次の2つのタイプのものです。これらは、消費生活センターなどの地方自治体の消費生活相談窓口に寄せられる若者などの消費者被害の多くは、この2つのタイプのものであることから、取消事由として追加されたものです。

改正法条文

　4条

　3　消費者は、事業者が消費者契約の締結について勧誘をするに際し、当該消費者に対して次に掲げる行為をしたことにより困惑し、それによって当該消費者契約の申込み又はその承諾の意思表示をしたときは、これを取り消すことができる。

　三　当該消費者が、社会生活上の経験が乏しいことから、次に掲げる事項に対する願望の実現に過大な不安を抱いていることを知りながら、その不安をあおり、裏付けとなる合理的な根拠がある場合その他の正当な理由がある場合でないのに、物品、権利、役務その他の当該消費者契約の目的となるものが当該願望を実現するために必要である旨を告げること。

　　イ　進学、就職、結婚、生計その他の社会生活上の重要な事項

　　ロ　容姿、体型その他の身体の特徴又は状況に関する重要な事項

　四　当該消費者が、社会生活上の経験が乏しいことから、当該消費者契約の締結について勧誘を行う者に対して恋愛感情その他の好意の感情を抱き、かつ、当該勧誘を行う者も当該消費者に対して同様の感情を抱いているものと誤信していることを知りながら、これに乗じ、当該消費者契約を締結しなければ当該勧誘を行う者との関係が破綻することになる旨を告げること。

2．タイプ1

　社会生活上の経験が乏しいことにより、その消費者が抱いている不安に付け込んで、契約を締結させる場合です。

3．タイプ2

　社会生活上の経験が乏しいことに付け込んで、その消費者が契約の勧誘者に対していだいている恋愛感情や特別な親密な感情などに付け込んで契約を締結させる場合です。

20 社会生活上の経験が乏しいことに付け込む取消事由は、契約当事者が若者だけに限られますか。たとえば、高齢者の場合には社会生活上の経験が乏しいとは言えないので、適用はないのでしょうか

Check　　消費者契約法4条3項3号、4号

| **Point** | ① 若者に限定されるわけではない。
② その消費者にとって社会生活上の経験が乏しいかどうかを判断することになる |

　「社会生活上の経験が乏しい」とは、若年成年などが典型的ではありますが、若者には限りません。契約の内容や種類、その消費者の経験や知識などを総合して判断します。

解説　　Explanation

1. はじめに

　「社会生活上の経験が乏しい」ことに付け込んで契約の締結をさせるタイプの取消事由は、当初は、成年年齢が20歳から18歳に引き下げられる民法改正により、同法施行後は18歳、19歳の社会経験の乏しい若年者が未成年者として保護されなくなることから、何らかの手当てが必要であるとの差し迫った観点から検討されることとなったという経緯がありました。

　しかし、その後の国会審議の中で、「社会生活上の経験が乏しい」ことに付け込まれて契約をさせられる被害は、若者以外の層にも発生している

ことが指摘されたことから、「社会生活上の経験が乏しい」のは若者に限定するものではないことを解釈上明確にすべきであるとの指摘がなされました。そこで、「社会生活上の経験が乏しい」ことは若者に限らず、高齢者なども含むすべての年代の消費者が対象になりうることを明確にすべきことが、下記に紹介しているように国会の附帯決議とされています。

2．「社会生活上の経験が乏しい」の判断基準

「社会生活上の経験が乏しい」かどうかの判断基準は、その契約の締結について適切な判断をするに十多なだけの経験を積み重ねているかどうかということになります。

契約当事者である消費者の、その契約締結以前の就労経験の有無や仕事の内容、類似の契約の利用経験、交友関係、様々な生活体験の累積などに基づいて判断することになります。

3．附帯決議

参議院附帯決議では、「政府は、本法の施行に当たり、次の事項について適切な措置を講ずべきである。」として、「社会生活上の経験が乏しい」との定めについて、次のように指摘しています。
「一 本法第四条第三項第三号及び第四号における「社会生活上の経験が乏しい」とは、社会生活上の経験の積み重ねが契約を締結するか否かの判断を適切に行うために必要な程度に至っていないことを意味するものであること、社会生活上の経験が乏しいことから、過大な不安を抱いていること等の要件の解釈については、契約の目的となるもの、勧誘の態様などの事情を総合的に考慮して、契約を締結するか否かに当たって適切な判断を行うための経験が乏しいことにより、消費者が過大な不安を抱くことなどをいうものであること、高齢者であっても、本要件に該当する場合があること、霊感商法のように勧誘の態様に特殊性があり、その社会生活上の経験の積み重ねによる判断が困難な事案では高齢者でも本要件に該当し、救済され得ることを明確にするとともに、かかる法解釈について消費者、事業者及び消費生活センター等の関係機関に対し十分に周知すること。また、

本法施行後三年を目途として、本規定の実効性について検証を行い、必要な措置を講ずること。」

　以上のように、国会の審議を踏まえて附帯決議においても、高齢者であっても本件に該当する場合があることを明確にするように指摘しており、この取消事由の対象者は若者に限らず、高齢者も含まれることは明白です。

21 社会生活上の経験が乏しいことにより過大な不安をいだいていることに付け込んだとして取消できるためには、どのような要件を備えている必要がありますか

Check 消費者契約法4条3項3号

Point
① 消費者が過大に不安を抱いていること
② 事業者がそれを知っていること
③ 事業者がその不安をあおったこと

 　もともと消費者が抱いていた不安に付け込んで事業者が不安を知ってあおった場合と、事業者が勧誘行為により消費者に著しい不安を抱かせ、さらにその不安をあおって契約を締結させる場合が取消事由に該当します。

解説　Explanation

1．はじめに

　若者などの消費者被害では、就職活動をしている学生をターゲットにして、「自分の努力や大学の就職支援だけでは就職できない。」などと不安をあおり、「この就活セミナーに加入すれば希望する就職が実現する。」などと述べて、消費者の希望を実現するためにはその契約が必要であると誤認させて契約させる、などの被害が発生しています。

　たとえば、就職説明会に参加している学生に声をかけて、その学生が人生で初めての就職活動に対して漠然とした不安を抱いているのに付け込ん

で、強い不安を植え付けるような言動をしたうえで、さらに不安をあおり、学生が抱いている希望を叶えるためには、勧誘対象の契約が必要であるとの説得を行うと言うものなどが典型的です。

　美しくなりたいなどの身体的なコンプレックスを抱いていたり、このままでは結婚できないかもしれないなどの不安をいだいている人に近づいて不安をあおるタイプの被害も少なくありません。

　この種の事例では、消費者の適切で自主的な選択の機会を奪うもので、大きな問題です。そこで、この種の被害事例で特に消費者の選択権を奪うという点から見て違法性の高い勧誘方法を類型化して、困惑を理由に取消すことができる制度を設けたものです。

2．取消事由の要件

　取消事由の要件は下記のとおりです。

①当該消費者が、社会生活上の経験が乏しいことから、

②次に掲げる事項に対する願望の実現に過大な不安を抱いていることを事業者が知りながら、

　　　イ　進学、就職、結婚、生計その他の社会生活上の重要な事項

　　　ロ　容姿、体型その他の身体の特徴又は状況に関する重要な事項

③その不安をあおり、

④裏付けとなる合理的な根拠がある場合その他の正当な理由がある場合でないのに、

⑤物品、権利、役務その他の当該消費者契約の目的となるものが当該願望を実現するために必要である旨を告げること。

3．過大な不安とは

　過大な不安とは、一般の消費者が抱いているであろう漠然とした不安程度では足りず、これを超える具体的な不安を意味します。その消費者が抱いている不安が過大な不安かどうかは、契約の目的物や事業者による勧誘の態様などを総合して判断するものとされています。

　たとえば、事業者が、消費者に勧誘目的で近づいて消費者の不安をあお

るような言動をし、消費者の不安が過大になるように仕向け、さらにその不安をあおって、その状況に付け込んで契約をさせる場合などが典型的です。もともと、消費者が過大な不安をいだいていた場合で、事業者がそれを知ってさらにあおって付け込んだ場合にも適用されます。

4.「告げる」とは

　口頭で直接そのように告げる場合が対象になることは当然ですが、取消事由で必要な「事業者が消費者に告げること」は、口頭ではっきりと告げる場合だけに限定されるものではありません。

　契約の締結について判断する際に、事業者から示された態度や内容などを総合的に見て、消費者がそのような認識を抱いたという場合には、「事業者が告げた」という要件を満たすことになります。

Q 22 著しく判断力が低下しているわけではないお年寄りの不安に付け込んで契約させた場合には、適用されませんか

Check 消費者契約法4条3項3号

Point
① 社会生活上の経験不足とは、若者に限らない
② 高齢者であっても、その契約にかかわる経験の有無や程度による

契約の内容と、契約当事者となった高齢者のそれまでの生活上の経験の程度によっては該当する可能性がある。

解説 **Explanation**

1．問題の所在

　高齢者の様々な不安に付け込んで契約を締結させる被害事例は多発しています。しかし、被害事例のすべてが、判断力が低下した高齢者とは限りません。判断力が低下したために生活上の不安を増大させることになった高齢者の不安をあおって契約をさせた場合には、後述のように（70頁以下）改正法4条3項5号による取消事由に該当する可能性があります。

　しかし、高齢者の被害事例のすべてが判断力などが低下しているわけではありません。判断力の低下がみられない高齢者が不安に付け込まれて契約をさせられた場合には4条3項3号の取消制度は適用されるのでしょうか。

2．改正法の考え方

　社会生活上の経験不足による不安に付け込むタイプの取消事由は、若者に限りません。この点については、「**Q20**」で説明したとおりです。また、社会生活上の経験の不足により抱いている不安に付け込むタイプの取消事由においては、消費者の判断力が不足していることは、取消事由の要件とされていません。したがって、判断力等の低下は見られない高齢者であっても、当該契約の内容と消費者の過去の生活体験などを総合的に見て「社会生活上の経験が不足している」と評価できるケースであれば、取消事由に該当する可能性があります。

23 消費者が実現されることを期待する願望の内容は、「進学、就職、結婚、生計その他の社会生活上の重要な事」と「容姿、体型その他の身体の特徴又は状況に関する重要な事項」に限られますか

Check　消費者契約法4条3項3号

Point
① 法律のイ、ロの規定は例示規定
② 例示以外の願望の場合にも適用される

　消費者が実現することを願望する内容として法律で定めている「イ 進学、就職、結婚、生計その他の社会生活上の重要な事、ロ 容姿、体型その他の身体の特徴又は状況に関する重要な事項」は例示規定。例示以外の願望の実現に関しても、法律の適用はされます。

解 説　**Explanation**

1．法律の規定

　改正法では、消費者の願望を実現するために、契約の目的物である商品・権利、役務、その他の目的物が必要である旨を告げて、消費者を困惑させ契約を締結させた場合を取消の対象と定めています。

　そして、消費者の願望の実現の部分について『以下に掲げる事項に関する』として、「イ 進学、就職、結婚、生計その他の社会生活上の重要な事項、ロ 容姿、体型その他の身体の特徴又は状況に関する重要な事項」と定めています。

2．限定列挙か例示か

　イ、ロに掲げられている事項は、限定列挙の規定でしょうか。あるいは、例示としての規定でしょうか。限定列挙であれば、条文で定められた物事に関する願望の実現のみに限られることになります。例示規定であるとすれば、法律で明示されている事柄以外のことについての願望を実現するために必要だと勧誘していれば、取消できる可能性があります。

　たとえば、不実告知などの場合の「重要事項」は限定列挙で、法律で明記していない事項について不実告知がなされたとしても取消はできないと解されています。

3．この規定は例示規定

　社会生活上の経験が乏しいことによる不安に付け込んで、願望が実現するための必要性を説明して契約の勧誘をするタイプでは、法律のイ・ロの規定は例示規定です。限定列挙ではありません。

　したがって、イ・ロに明記されていない事柄に関する願望であっても、取消の対象になります。

24 「裏付けとなる合理的な根拠がある場合」には、取消事由に該当しないと定められているようですが、それはなぜですか

Check 消費者契約法4条3項3号

Point ① 裏付けとなる合理的な根拠のある説明は、事業者としての情報開示や説明義務を尽くしたことになる

解 説 Explanation

1．はじめに

　社会生活上の経験不足による不安に付け込んで契約させる場合に契約を取り消すことができるためには、裏付けとなる合理的な根拠がある場合その他の正当な理由がある場合でないのに、物品、権利、役務その他の当該消費者契約の目的となるものが当該願望を実現するために必要である旨を告げることと定めています。

　そこで、なぜ取消できるためには「裏付けとなる合理的な根拠がある場合その他の正当な理由がある場合でない」場合のみに限定されているのかが問題となります。

2．情報格差是正のための事業者の義務

　消費者契約では、事業者と消費者との間には様々な格差があり、契約当事者である事業者と消費者とが対等ではないことが原因となって、消費者被害が発生するという構造的な問題があります。そこで、情報格差と交渉力格差を事業者の努力によって是正し、消費者の適正でかつ自主的な選択の機会を確保することが重要な目的となります。

2018年改正法では、事業者の努力義務として「消費者契約の締結について勧誘をするに際しては、消費者の理解を深めるために、物品、権利、役務その他の消費者契約の目的となるものの性質に応じ、個々の消費者の知識及び経験を考慮した上で、消費者の権利義務その他の消費者契約の内容についての必要な情報を提供すること。」との規定を設けました。

　この規定からしても、「裏付けとなる合理的な根拠がある場合その他の正当な理由がある場合」には、むしろ消費者にとってその消費者契約を締結するか否かを判断するために必要な情報を提供することとなるなど、その説明を行うことについて正当な理由があるものであり、事業者としての情報提供義務などを尽くす行為であり違法性はないものと考えられます。消費者の契約の適切な選択を誤らせる不当な行為には該当しないと言えます。

　「裏付けとなる合理的な根拠がある場合」には科学的根拠や過去の客観的なデータに基く場合、経験則に基づくものなども含まれるものと考えられます。その他の「正当な理由がある場合」としては、勧誘の際の事業者の説明内容がその契約内容などを踏まえて社会通念に照らして相当と認められる場合が考えられます。

　ただし、説明の態様などが、消費者の自主的な選択権を侵害することになり、消費者を困惑状態に追い込んで契約を迫ると評価できる場合は別で、取消事由になると評価すべきと考えられます。説明内容と、その根拠だけでなく、説明の態様も含めて総合的に評価する必要があるというべきでしょう。

25 若者のデート商法などが取消でき
るようになったということですが、
どのような規定が定められたので
すか

Check　消費者契約法4条3項4号

Point
① 消費者が、社会生活上の経験に乏しいこと
② 消費者が、勧誘者に対して恋愛感情その他の好意の感情を
抱いていること
③ これに乗じ、
④ 契約をしなければ勧誘者との関係が破綻することになる旨
を告げること

解 説　Explanation

1．問題の所在

　消費者の恋愛感情に付け込んで、その消費者が本来であれば契約を必要
としていないのに契約を締結させてしまう、いわゆるデート商法に関して
は、通常の商業道徳から著しく逸脱する違法な勧誘行為であるとして不法
行為責任が認められたり、公序良俗に反するとして契約が無効とされる事
例がありました。

　社会常識から著しく逸脱した勧誘行為は、民法でも認められるものでは
なく、不法行為や公序良俗違反などの一般条項により、消費者は救済され
てきました。しかし、一般条項による救済は裁判をする必要がある場合が
多く、また見通しも立ちにくいなど、消費生活相談窓口では活用しにくい
という問題がありました。

　そこで、デート商法などの消費者の勧誘者に対する個人的な感情に付け

込んで契約を締結させる行為の中から、違法性が高いものについて定型化して取消事由としたものです。

　これによって、消費生活相談窓口でも活用しやすくなることが期待されています。

> 改正条文
> 4条
> 3　消費者は、事業者が消費者契約の締結について勧誘をするに際し、当該消費者に対して次に掲げる行為をしたことにより困惑し、それによって当該消費者契約の申込み又はその承諾の意思表示をしたときは、これを取り消すことができる。
> 四　当該消費者が、社会生活上の経験が乏しいことから、当該消費者契約の締結について勧誘を行う者に対して恋愛感情その他の好意の感情を抱き、かつ、当該勧誘を行う者も当該消費者に対して同様の感情を抱いているものと誤信していることを知りながら、これに乗じ、当該消費者契約を締結しなければ当該勧誘を行う者との関係が破綻することになる旨を告げること。

2．取消事由（4条4項4号）

　取消事由に該当するためには下記の要件を満たしていることが必要です。

①当該消費者が、社会生活上の経験が乏しいこと

②それにより、当該消費者契約の締結について勧誘を行う者に対して恋愛感情その他の好意の感情を抱いていること

③かつ、当該勧誘を行う者も当該消費者に対して同様の感情を抱いているものと誤信していること

④勧誘者が②③を知りながら、これに乗じ、

⑤当該消費者契約を締結しなければ当該勧誘を行う者との関係が破綻することになる旨を告げること。

⑥以上により消費者が困惑して契約の申込の意思表示または承諾の意思表示をしたこと

3．契約の締結について勧誘をする者とは

　「勧誘を行う者」とは、消費者に対し勧誘行為を実施する者を意味します。「勧誘を行う者」は、事業者が知っている者である必要はありません。また、「勧誘を行う者」は必ずしも事業者から対価を得ている必要はありません。

　条文上、特に限定する規定は設けていないことから、上記のように解釈できます。

4．「恋愛感情」「好意の感情」とは、

　「恋愛感情」とは、他者を恋愛の対象とする感情のことです。
「好意の感情」とは、恋愛感情以外の他者に対する親密な感情を指します。ただし、取消事由に該当するための好意の感情に該当するものは、一般的な好印象や好意では足りず、恋愛感情と同程度に個人的で親密な感情である必要があると考えられます。

5．当該勧誘を行う者も当該消費者に対して同様の感情を抱いているものとの誤信

　勧誘者も同様の感情を持っていると誤信しており、かつ、勧誘者がそれを認識していることが必要です。勧誘者が消費者の誤信を知りながら勧誘する場合には、消費者が自由な判断ができない状況に陥る可能性が類型的に高いことから設けられた要件です。

6．勧誘者が「同様の感情を抱いている」との誤信について

　勧誘者が抱いていると消費者が誤解している感情と、消費者が抱いている感情とが、密接であり対応する関係にあれば、「同様の感情」に該当することになります。

　たとえば、祖父母が孫に対して抱く感情と孫が祖父母に対して抱く感情、あるいは後輩が先輩に抱く感情と先輩が後輩に抱く感情なども、一般的な好意を越えて双方の感情が個人的で親密なレベルのものである場合には「同様の感情」に該当するものと考えられます。

７．「知りながら」

　ここでいう「知りながら」とは、勧誘を行う者も相手の消費者に対して同様の感情を抱いているものと誤信していることを勧誘者が認識するような場合を意味します。このような状況は、通常の営業活動では想定できないことであり、違法性が高いと評価できることから、設けられた要件です。

８．「これに乗じ」とは、

　そのような状態を利用するという意味です。これにより、勧誘者が付け込むという主観的な意図を定めているものです。

　勧誘前から消費者が勧誘者にたいして抱いていた感情や人間関係を濫用する場合も、勧誘のために勧誘者が消費者と接触してから疑似的な関係を形成して付け込む場合も含まれます。

26 社会経験の乏しい若者の場合、同性の販売担当者が親切にしてくれたことから個人的に親しくなって契約させられるケースがありますが、このようなケースには適用はありませんか

Check 消費者契約法4条3項4号

Point ① 同性の場合も含まれる

 　　恋愛感情は異性に対するものだけでなく、また、恋愛感情以外の好意の感情も対象になります。

解説　**Explanation**

1．問題の所在

　消費者の勧誘している者に対する特別な好意の感情に付け込んで契約を締結させる事例は、デート商法などの恋愛感情をいだかせて付け込むものが典型例ですが、それ以外の感情に付け込むものがあります。また、恋愛感情も異性に対するものとは限りません。

　若者の被害では、異性ではなく、女性には少し年上の女性が、男性には少し年上の男性が、個人的に親しくなったと若者の消費者に誤認させるような関係を形成し（たとえば「困ったことがあれば、何でも相談に乗るから」などといって、頻繁に連絡を取りあったりするなどして関係を形成するなど）、その関係に付け込んで契約を締結させるなどと言う事例も少なくありません。

本件の取消事由は、これらの事例でも適用されるかどうかという問題です。

2．異性関係に限らない

　改正法では、「当該消費者契約の締結について勧誘を行う者に対して恋愛感情その他の好意の感情を抱き、かつ、当該勧誘を行う者も当該消費者に対して同様の感情を抱いているものと誤信していることを知りながら、これに乗じ…」と定めています。

　恋愛感情とは勧誘を行う者に対する好意の感情の例示として示されているものであって、恋愛感情に限定されているわけではありません。また、恋愛感情は異性に対するものだけではなく、条文上も限定されていません。

　取消事由の「好意の感情」とは、異性に限らず、他者に対する親密な感情をいうものと解釈できます。恋愛感情以外の「好意の感情」であっても、消費者が勧誘する者に対して抱いた感情が一般的な「いい感じの人だ」などといったレベルの良い印象や好感を超えた個人的な親密な感情であれば、本規定の対象となり得ると考えられます。

　ただし、取消事由に該当するための好意の感情というためには相当程度に親密である必要があり、単なる友情程度の感情は含まれないと考えられます。通常の友情を越えた個人的で親密な感情であることが必要です。また、大人数の相手に対して同じように抱くことが通常である好意のレベルでは不十分で、勧誘者に対する恋愛感情と同程度に個人的で親密な好意であることが必要と考えられます。

27 高齢者が、販売担当者が親切にしてくれたことから、個人的な信頼感を抱いて契約した場合には、適用されませんか

Check　消費者契約法4条3項4号

Point　① 消費者の年齢などは問わない
　　　　　② 高齢者にも適用されうる

　適用される可能性があります。

解 説　Explanation

1. 問題の所在

　高齢者の被害事例では、勧誘する若者がいろいろと話し相手になってくれたり、一緒に食事をしたりお茶を飲んだりしてくれたり、ちょっとした買い物や雑用などをするなど親切にすることによって、疑似的な個人的で親密な人間関係を形成し、これを壊すことを恐れる心理に付け込んで高額な契約や多種類の契約を繰り返し締結させるケースなどがあります。

　また、家族関係があまりうまくいっていない高齢者や身寄りのない一人暮らしの高齢者などでは、若い勧誘者から親切にしてもらい、「孫だと思ってほしい」「孫以上にあなたを大切に思っている」などといわれて勧誘者に依存していき、そこに付け込まれて次々と様々な契約を結ばされる被害もあります。

　こうしたケースでは、消費者契約法4条3項4号による取消しはできる

のかという問題です。

２．社会説活上の経験不足について

　まず、高齢者はその年齢になるまでの長い生活体験があるので、社会生活上の経験の不足はないため、適用されないのではないか、との疑問については、高齢者の生活歴等を踏まえて検討すべきものであることは既に説明したとおりです。

３．恋愛感情その他の好意の感情の意味

　高齢者であっても勧誘者に対して恋愛感情を抱くことはあり得ますし、勧誘者も同様の感情を抱いていると誤解する場合もあり得ます。

　また、取消事由に該当するのは、いわゆるデート商法の場合の恋愛感情だけに限定するものではなく、「その他の好意の感情」も対象になります。単なる友人に抱く程度の感情や「良い人だと思う」ような一般的な好意の感情では足りませんが、親密で個人的な感情であれば取消事由の対象になります。

　事例で取り上げたような、祖父母が孫に対して抱く感情と孫が祖父母に対して抱く感情などは、その典型的なものと言えます。

Q 28 高齢者などの不安をあおって契約の締結について勧誘した場合には取消できるのですか

Check　消費者契約法4条3項5号

Point
① 加齢又は心身の障害により判断力が著しく低下している場合で
② 消費者が現在の生活の維持に過大な不安を抱いており
③ 事業者がこれを知りながら不安をあおり契約の締結について勧誘する行為

高齢者などの判断力の不足による不安に付け込んだ勧誘が行われた場合には、契約を取消できることになりました。

解 説　**Explanation**

1. はじめに

　消費者が、高齢化や病気や事故などによる判断力の低下に付け込まれて契約をさせられる被害が増加しています。高齢者などの加齢に伴う判断力の低下、認知症、統合失調症や気分障害や双極性障害などの病気による判断力低下に付け込まれる事例など、様々なものがあります。この種の消費者被害では、消費者の合理的な判断ができない事情を利用して不当に契約を押し付けているもので、意思表示の瑕疵が重大であると評価できます。

　民法上は、意思無能力者のした契約は無効とされていますが、判断力が低下している事例でも、意思能力がまったくなくなっているわけではない場合が多く、意思無能力者ではない場合には直ちに契約は無効とはなりま

せん。また、契約締結当時、判断力が低下していたことは明白であったとしても、意思無能力者であったことまで立証することは容易ではありません。

　しかし、判断力などの低下により消費者が合理的な判断ができない事情に付け込まれて契約を迫られている場合には、勧誘を受けている消費者は、契約を適切に選択できない状態に追い詰められています。そのために、適切な判断をすることができないうえ、事業者に対する毅然とした対応もできない状態に陥ってしまいます。結局、消費者は事業者に対して退去してほしいことや、自分がその場所から退去したいことを告げることができず、心理的に困惑状態に置かれた状態で契約に引きずり込まれていきます。このように高齢者などの不安に付け込む勧誘は、消費者の選択権を侵害する違法性の高い行為ですが、不退去や退去妨害による取消はできず、改正前の取消制度では取り消すことは困難でした。

　そのため、契約の効果を争う場合には、公序良俗違反による無効であるとか、勧誘行為が社会通念上許された営業行為から逸脱しているとして不法行為による損害賠償請求を求めるという手法によらざるを得ませんでした。このような一般条項による解決は要件が明確でないため見通しが立ちにくいうえに、消費生活センターなどでは活用が難しく、現実的ではないという問題点がありました。

　そこで、高齢者などの判断力の低下に付け込んで合理的な選択を妨げる勧誘行為の中から、違法性がきわめて高いと評価できる不安に付け込んでその不安をあおり困惑させる形態の勧誘行為を抽出して取消事由としたものです。

改正条文
消費者契約法4条
　3　消費者は、事業者が消費者契約の締結について勧誘をするに際し、当該消費者に対して次に掲げる行為をしたことにより困惑し、それによって当該消費者契約の申込み又はその承諾の意思表示をしたときは、これを取り消すことができる。
　　五　当該消費者が、加齢又は心身の故障によりその判断力が著しく低下し

ていることから、生計、健康その他の事項に関しその現在の生活の維持
に過大な不安を抱いていることを知りながら、その不安をあおり、裏付
けとなる合理的な根拠がある場合その他の正当な理由がある場合でない
のに、当該消費者契約を締結しなければその現在の生活の維持が困難と
なる旨を告げること。

2．「加齢又は心身の故障による」とは

　加齢とは、年を取ることを意味します。高齢になって判断力の低下がみ
られる場合がこれに当たります。心身の故障とは、精神的又は身体的な故
障による場合を意味します。気分障害（うつ病）、双極性障害、認知症など
がこれに当たります。

　高齢者被害の中には、重い記憶障害があるため短期記憶を長く維持して
いることができず、すぐに契約を締結したことを忘れて勧誘されるままに、
繰り返し不要な契約をしてしまうようなケースも見られます。このような
事例では、契約を締結するか否かの判断を適切に行うことができない状態
にあるため、判断力が著しく低下しているものとして本号の対象となると
考えられます。

3．「判断力が著しく低下している」とは

　ここでいう判断力とは、消費者契約の締結を適切に行うために必要な判
断力をいいます。「著しく」低下しているとは、消費者契約を締結するか
否かの判断を適切に行うために必要な判断力が、一般的・平均的な消費者
に比べ著しく低下している状況をいいます。著しく低下しているか否かの
判断に当たっては、消費者契約の締結について事業者が勧誘をする時点の
消費者の事情に基づき判断することになります。

　たとえば、事業者からの勧誘が行われた時点では消費者が認知症を患っ
ていたという場合には、契約の内容にもよりますが、ごく日常の食料品な
どの購入のようなものを除いて、一般的には判断力が著しく低下している
場合に該当するものと考えらます。

　この場合の「著しく」低下しているとの判断については、この要件が事

業者の不当性を基礎付けるためのものとして設けられたものであることを踏まえて、過度に厳格に解釈されてはならないと下記の参議院の附帯決議では指摘しています。

4．附帯決議

　参議院附帯決議では、「判断力が著しく低下している」について、下記のように指摘しています。

　「二　本法第四条第三項第五号における「その判断力が著しく低下している」とは、本号が不安をあおる事業者の不当な勧誘行為によって契約を締結するかどうかの合理的な判断をすることができない状態に陥った消費者を救済する規定であることを踏まえ、本号による救済範囲が不当に狭いものとならないよう、各要件の解釈を明確にするとともに、かかる法解釈について消費者、事業者及び消費生活センター等の関係機関に対し十分に周知すること。また、本法施行後三年を目途として、本規定の実効性について検証を行い、必要な措置を講ずること。」

5．不安の対象について

　高齢者などが抱いている不安に関して、「生計、健康その他の事項に関しその現在の生活の維持に過大な不安を抱いていることを知りながら」と定めています。

　「生計」とは、国語辞典によれば「生活のための手段・方法」を意味しています。消費者契約的な視点から言えば、生活上の費用を得るための方法などを意味するということになります。

　生計、健康は例示として定められているもので、これらに限定しているものではありません。高齢者の場合には、老後の孤独や家族関係に大きな不安をいだいているケースもあります。また、自宅が確保されていることも老後の安心な暮らしのためには重要で、自宅の老朽化や安全などに対する不安に付け込むケースも多く見受けられます。以上のような人間関係や住まいなどは、「その他の事項」に含まれます。

6．「過大な不安を抱いている」

　消費者が過大に不安を抱いていることを事業者が知り、その不安をあおることが取消事由として必要な要件です。

　ここでいう「過大」とは、同様の環境におかれた消費者が一般的に抱くであろう漠然とした抽象的な不安ではなく、それよりも大きな不安を抱いていることを意味する用語として「過大」と表現しています。つまり、通常一般的な消費者が抱く不安よりは大きい心配をしている心理状態にあればこれに該当するものと考えられます。

　消費者が、判断力が著しく低下していることによって通常消費者が抱くのに比べて大きな不安を抱いている状況に、事業者が付け込んで、消費者を自由な判断ができない状況に追い込んで契約を締結させるという点に高い違法性があると捉えています。そこで、この点を明確にするために、事業者が「知りながら」行ったことを要件として必要としています。

　消費者が抱いている不安は、事業者が勧誘する以前から消費者が抱いていた不安でも良く、あるいは、事業者が消費者に接触してから新たに植えつけたり抱かせたりした不安であっても対象になります。後者の事例では、事業者と消費者のやり取りを丁寧に把握することにより、「事業者が不安を抱いていることを知りながら……」との要件を満たしていることを明確化としやすいと考えられます。

7．その不安をあおること

　事業者が消費者の不安をあおることが必要です。

　消費者の現在の生活の維持に関して、現在のままでは、将来的に起こるであろう不利益を強調して告げる場合等を意味します。不安をあおるような内容を直接的に告げるのが最も端的な方法ですが、直接的には告げていなくても、契約の目的となるものが必要である旨の告知を繰り返し告げたり、強い口調で告げたりして強調する態様でも足りるものと考えられます。

8．契約の必要性についての説明

　事業者が、この消費者契約を締結しなければその現在の生活の維持が困

難となる旨を告げることが必要です。

　この要件は、過大な不安を抱いた消費者を、事業者がそれに付け込んで、契約の締結について自由な判断ができない状況に追い込んでいることが必要であることから定められたものです。

29 いわゆる霊感商法が取消事由と
されたとのことですが、どのよ
うに定められたのですか

Check 消費者契約法4条3項6号

Point
① 霊感その他の合理的に実証することが困難な特別な能力に
よる知見によること
② そのままでは消費者に重大な不利益を与える事態が生ずる
ことを示して消費者の不安をあおること
③ 当該契約を締結することにより不利益を回避することがで
きる旨を告げること

いわゆる霊感商法の要点を整理して、すべての要件を満た
した場合には取消できることを明確化した規定を定めました。

解 説 **Explanation**

1. 問題の所在

いわゆる霊感商法とか霊視商法、開運商法などは、「このままでは、あ
なたや一家が地獄に落ちる」とか不幸になるなどと告げ、これを防止する
ためにはこの契約を締結するしかないなどと畏怖させたり、困惑状態に陥
れて正常な判断力を奪って高額な契約をさせるものを指します。霊感商法
や開運商法では、安価なツボ、多宝塔、呉服類などを購入させる被害が多
発しました。霊視商法では、高額な祈祷料などを支払わせていました。

近年では、占いやスピリチュアルブームなどが背景にあり、ごく気軽に
占いを利用した人に不安を植え付けて高額な祈祷料などを支払わせるもの

が増加傾向にあります。

　この種の被害事例で消費者に対して地獄に落ちるとか不幸になるなどと恫喝して精神的な混迷状態に追い込み、事態を改善できるのは「あなただけ」であり、しかも「この契約を締結すること以外にはない」などと告げて契約させる行為は、消費者の適正で、かつ自主的な契約を選択する権利を侵害する行為であり、違法性が高いものといえます。

　そこで、従来は、上記の行為がきわめて違法性が高い行為であり、消費者に対して経済的かつ精神的被害を蒙らせるものであるとして不法行為による損害賠償請求事件として救済が図られてきました。占いなどを入り口にした同種の事案でも、損害賠償請求が認められる事案は少なくありません。

　しかし、不法行為による損害賠償請求という一般条項による解決手段は、消費者が、加害者の故意・過失と加害者側の行為の違法性、加害者の行為と因果関係のある損害の証明が必要です。そのため、消費者側の負担が大きく、解決の見通しが立ちにくいこと、消費生活相談窓口での解決手段としては活用しにくいことなどが大きな問題となっていました。

　そこで、従来から問題となっていた霊感商法などの裁判例や消費者被害の事例から、消費者の選択権を侵害している違法性の高いものを類型化して、取消事由として明確化しました。

改正条文

4条

3　消費者は、事業者が消費者契約の締結について勧誘をするに際し、当該
　消費者に対して次に掲げる行為をしたことにより困惑し、それによって当
　該消費者契約の申込み又はその承諾の意思表示をしたときは、これを取り
　消すことができる。

　六　当該消費者に対し、霊感その他の合理的に実証することが困難な特別
　な能力による知見として、そのままでは当該消費者に重大な不利益を与え
　る事態が生ずる旨を示してその不安をあおり、当該消費者契約を締結する
　ことにより確実にその重大な不利益を回避することができる旨を告げるこ
　と。

２．霊感とは

　まず、取消事由に該当するためには、「霊感その他の合理的に実証することが困難な特別な能力による知見」によるものであることが必要です。

　「霊感」とは、国語辞典によれば、「神仏から人が受ける啓示。おつげ。」を意味するとされています。取消事由に対象となるものは、霊感に限定されるのではなく、「合理的に実証することが困難な特別な能力」も含むものとされています。たとえば、超能力などがこれに当たります。

　霊感商法などとの関係でいえば、除霊、災いの除去や運勢の改善といったものが対象になるということです。

３．不安をあおること

　取消事由に該当するためには、事業者が相手の消費者に対して、「そのままでは当該消費者に重大な不利益を与える事態が生ずる旨を示してその不安をあお」ることが必要です。

　「不利益」とは、消費者に損害、損失が生ずることをいいます。ここでいう不利益は経済面に限らず、人生全般を指します。自分や家族の病気や事故、天災、様々な不幸なども含まれます。

　「重大な」という要件は、事業者の不当性や違法性を明確にするためのもので、消費者に取り消すことができる権利を付与するためのポイントになるものといえます。

４．「不安をあおる」とは

　消費者が抱いている不安を拡大させる言動を指します。

　「そのままではあなた、あるいは親族に重大な不利益が生ずる事態が起こる」といったことを強調して告げる行為や繰り返し告げる行為などが典型例です。また、契約の内容となっている商品やサービスが、不利益の回避のために必要不可欠であることを繰り返し説明したり、強い口調で説得して強調する態様も含まれます。

5.「不利益を回避することができる」告知

　取消事由に該当するためには、「当該消費者契約を締結することにより確実にその重大な不利益を回避することができる旨を告げること」が必要です。

　このような説明は、消費者に対して契約を締結する選択肢を与えないものであり、自由な判断ができない状況に陥れる行為で、違法性がきわめて高い行為です。そのため、取消事由の要件として必要とされたものです。

　「確実にその重大な不利益を回避することができる旨を告げる」とは、重大な不利益の回避を実現するためにこの契約を締結することが必要であること、あるいは有効であることを断定的に告げる場合だけでなく、重大な不利益の回避を実現する可能性が非常に高いと消費者が認識するような言動をとる場合も含まれるものと考えられます。

Q 30 契約を締結する前に債務の内容を履行して、契約を迫られた場合には取消できるようになったということですが、具体的にはどういう場合に取消できるのですか

Check 条文　4条3項7号

Point
① 契約の締結前に契約を締結したら事業者が負うこととなる債務を履行する
② 原状に戻すことが困難
上記の状況に付け込んで契約を迫る

解説　Explanation

1. 問題の所在

　消費者契約の中には、消費者が契約を締結する前に、事業者が契約を締結したら履行しなければならなくなるような債務の一部や全部を履行してしまい、消費者に契約を迫るタイプの被害があります。

　消費者が契約を締結することを断ると、「元に戻せ」と無理難題を要求し、「元に戻せないなら契約しろ」と迫ります。断りきれなくなった消費者が不本意なまま、仕方なく契約させられるケースです。

　消費生活相談などでは、このタイプの被害が少なくないことから、取消事由として追加されました。

2. なぜ必要だったか

　契約前に事業者が一方的に債務の履行をしてしまい、消費者が契約を断りきれない状況を作り出して契約の締結を迫るタイプは、契約の締結につ

いて勧誘する際の説明に問題があるというわけではありません。また、消費者は、契約の締結を断れ切れない状況に追い込まれているため、契約を断ることができず、やむを得ず不本意な契約を締結することを強いられます。そのために、改正前にも取消対象とされていた「困惑による契約を取消できる事由」である消費者が帰るように告げているのに退去しない（不退去）とか、消費者が退去する旨を述べているのに退去させない（退去妨害）などの取消事由には該当せず、契約を取り消すことができませんでした。

　しかし、消費者の自主的な選択を阻害して、不本意な契約を押し付けていることには間違いはなく、消費者の自主的な選択連を阻害する不当な勧誘行為は適正競争を害するものでもあり、規制することが必要でした。

3．取消事由（4条4項7号）

取消事由と定められたのは、契約の締結について勧誘をするに際し、下記の行為をして消費者を困惑させて契約を締結させた場合です。

改正条文

消費者契約法4条3項

3　消費者は、事業者が消費者契約の締結について勧誘をするに際し、当該消費者に対して次に掲げる行為をしたことにより困惑し、それによって当該消費者契約の申込み又はその承諾の意思表示をしたときは、これを取り消すことができる。

七　当該消費者が当該消費者契約の申込み又はその承諾の意思表示をする前に、当該消費者契約を締結したならば負うこととなる義務の内容の全部又は一部を実施し、その実施前の原状の回復を著しく困難にすること。

八　前号に掲げるもののほか、当該消費者が当該消費者契約の申込み又はその承諾の意思表示をする前に、当該事業者が調査、情報の提供、物品の調達その他の当該消費者契約の締結を目指した事業活動を実施した場合において、当該事業活動が当該消費者からの特別の求めに応じたものであったことその他の取引上の社会通念に照らして正当な理由がある場合でないのに、当該事業活動が当該消費者のために特に実施したものである旨及び当該事業活動の実施により生じた損失の補償を請求する旨を告げること。

取消すことができるための要件を整理すると下記のとおりです。

①当該消費者が・当該消費者契約の申込みまたはその承諾の意思表示をする前に、

②当該消費者契約を締結したならば負うこととなる義務の内容の全部又は一部を実施し

③その実施前の原状の回復を著しく困難にすること。

５．「消費者が契約の申込又は承諾の意思表示をする前に」

　消費者が契約をする前に、事業者が履行してしまうことが必要です。消費者が契約の申込などをする前に事業者が債務の履行をしてしまうケースとしては、次のような事例があります。

　たとえば、高齢者に多い被害事例では、側溝などの清掃や交換作業などを勝手に行ってしまい、料金の支払いを要求する手口などがあります。消費者が依頼したわけではないので、消費者としては、不本意であり契約をするつもりはなくても、断りれきれなくて応じてしまうことになりがちです。

　スピーカーで流しているさお竹売りを呼び止めて購入するために価格や種類の確認をしようとしたところ、勝手にさお竹を販売する長さに切ってしまい、高額の請求をするケースも同様です。金額を聞いてびっくりし、そんな高価な契約はしたくないと思っても、断りきれない状況になっているため、不承不承買わされてしまうようなケースです。

　水漏れ事故などであわててネットで調べた業者に連絡したところ、消費者が修理代金はいくらくらいかかるのかを聞いているのに、一方的に修理をしてしまい修理後に高額な請求をしてくるものもあります。消費者は、金額を聞いて驚き、そんなに高額であれば契約するつもりはなかったのに、と思っていても、修理は終ってしまっていて断れる雰囲気ではないなどのケースもあります。

6.「当該消費者契約を締結したならば負うこととなる義務の内容の全部又は一部を実施する」

　業者が行った行為が「当該消費者契約を締結したならば負うこととなる義務の内容の全部又は一部を実施し」たといえるか否かは、その行為が、通常、当該消費者契約を締結したならば当該事業者が実施する行為であるか否かなどの事情を考慮して判断することになります。勧誘の段階で行ってしまう行為であることから、勧誘の内容から通常予想される契約内容であれば良いと考えるべきでしょう。

　実際に締結した契約内容でなければならないということにはなりません。しぶしぶ断りきれずに契約したものの、履行されてしまった行為と契約で定めた債務の内容が全く同一ではないという場合もありうるからです。

　また、だからといって取消事由にならないということは、この制度の趣旨からして適切とは言えません。

7.「その実施前の原状の回復を著しく困難にすること」

　事業者が義務の全部または一部を実施することによって、実施前の原状の回復が不可能となっていることを意味します。この場合の不可能とは、物理的に不可能な場合と消費者にとって事実上不可能である場合とを含むものと考えられます。ここで問題としているのは、消費者にとって容易に元に戻せない状況に付け込んでいる点にあると考えられるためです。

　「原状」とは、事業者による義務の全部または一部の実施前の状態をいいます。

　たとえば、さお竹の事例では、一度切ってしまったさお竹を切る前の状態に戻すことは物理的に不可能です。

Q 31 契約締結前に行う調査などで、取消事由に該当する行為とはどのような行為ですか

Check 消費者契約法4条3項8号

Point
① 契約の内容の説明
② 見積もりの作成
③ リフォーム工事などの必要性などの事前調査

契約締結前に事業者が行う行為であれば、原状回復が困難な債務の履行以外のもののすべてが含まれます。

解 説 Explanation

1．問題の所在

　消費者が事業者との契約の締結をしなかった場合に、契約締結に向けて事業者が行った行為を理由に対価を要求することによって消費者に圧力をかけて、契約の締結を迫るタイプの被害があります。このタイプの被害例では、事業者があらかじめ行うことは契約が成立した場合に事業者が負うこととなる債務には該当しませんが、消費者は精神的な負い目を負わされることから契約を断りにくい状況に追い詰められ、不本意な契約を強いられる場合が少なくありません。

　たとえば、住宅リフォームの勧誘などでは契約の勧誘であることを告げないで、「無料で点検します」と述べて点検し、消費者が断ると高額な点検費用を要求して契約を迫る事例があります。あるいは、「見積もり無料」とうたいながら、見積もりだけを依頼して契約の締結はしない消費者

に対して、「契約しないなら、見積もり料を請求する」と主張して高額な見積もり料を請求して契約締結に追い込む被害もあります。　事業者から契約の締結について勧誘に訪れ、消費者が契約を断ると、「あなたのために使った時間を返せ。その分の費用を支払え」とか「遠方からわざわざ説明に来ているのだから、交通費と日当を支払え」などと要求して契約に追い込む事例もあります。このような事例も、消費者を困惑状態に追い込んで自由な選択を阻害するもので、不当性・違法性が高いといえます。

　さらに、契約締結前に、債務の履行をしたケースで原状回復が困難とはえないケースがあります。事業者は、履行済みの部分の対価を支払うように要求して、消費者に負い目をいだかせて契約に追い込むのです。これらの行為も、消費者の自主的な選択権を阻害する不当な行為です。

　そこで、上記の行為についても取消事由となることを明確化する規定を設けたものです。

改正条文

消費者契約法4条

3　消費者は、事業者が消費者契約の締結について勧誘をするに際し、当該消費者に対して次に掲げる行為をしたことにより困惑し、それによって当該消費者契約の申込み又はその承諾の意思表示をしたときは、これを取り消すことができる。

八　前号に掲げるもののほか、当該消費者が当該消費者契約の申込み又はその承諾の意思表示をする前に、当該事業者が調査、情報の提供、物品の調達その他の当該消費者契約の締結を目指した事業活動を実施した場合において、当該事業活動が当該消費者からの特別の求めに応じたものであったことその他の取引上の社会通念に照らして正当な理由がある場合でないのに、当該事業活動が当該消費者のために特に実施したものである旨及び当該事業活動の実施により生じた損失の補償を請求する旨を告げること。

2．取消事由の要件

　取消できるためには、下記の要件をすべて満たしている必要があります。

①契約の締結について勧誘をするに際し、事業者が下記の行為をして消費者を困惑させて契約を締結させること。

②消費者がその契約の申込みまたはその承諾の意思表示をする前に、事業者が調査、情報の提供、物品の調達その他の当該消費者契約の締結を目指した事業活動を実施した場合であること（ただし、前号に掲げるものではないこと）

③その事業者の事業活動が消費者からの特別の求めに応じたものであったことその他の取引上の社会通念に照らして正当な理由がある場合でないのに、

④その事業活動が消費者のために特に実施したものである旨及び当該事業活動の実施により生じた損失の補償を請求する旨を告げること。

3．「前号に掲げるもののほか」

消費者契約法4条3項7号以外の場合であることを意味します。前号の7号に該当する場合には、7号に基づいて取消すことができることから、このように定められています。

4．「当該消費者が当該消費者契約の申込み又はその承諾の意思表示をする前に」

前述（→82頁）と同様の趣旨です。

5．「調査、情報の提供、物品の調達などの」

債務の履行以外の、契約の締結を目指した事業活動の典型的なものを例示した規定です。

調査の例としては、リフォーム工事等でよくみられる家の調査・点検などが典型例です。漏水の原因の調査なども該当します。

情報の提供には、契約の勧誘の際の様々な説明などが含まれます。物品の調達には、契約内容によっては債務の履行に該当する場合もありますが、債務の履行に該当しない場合であっても、事業者が損失補てんを要求して消費者を契約に追い込む場合などは契約の取消事由になるという趣旨です。

**6.「当該事業活動が当該消費者のために特に実施したものである旨及び
当該事業活動の実施により生じた損失の補償を請求する旨を告げること」**

　消費者契約の締結を目指した事業活動を消費者のために特別に実施した
という趣旨のことを消費者に対して告げることを意味します。「損失の補
償を請求する旨を告げる」とは、事業者が消費者に対して消費者のために
特に実施した行為に係る費用を請求することを意味します。したがって、
調査費用を請求するなどの行為も含まれます。

7.「告げる」とは

　必ずしも口頭によることは必要ではありません。

　消費者が実際にそれによって認識し得る態様の方法であれば「告げた」
ものと解釈できます。

　たとえば、事業者が請求書などを示して支払うようなそぶりを示した場
合、「どうしてくれるんだ」などと述べた場合などが当てはまります。

32 7号も8号も、契約の締結前に事業者が勝手に行った行為によって消費者を断れない状況に追い込んで契約を迫るもののように思えます。取り消すときの区別のポイントは何ですか

Check　消費者契約法4条3項7号、8号

Point　① 債務の履行に該当するかどうか
　　　　　② 原状回復が困難かどうか

　契約締結前の債務の履行以外の契約締結のための事業活動や債務の履行ではあるが、原状回復が困難とは言えないものについて損害の補てんを求めて契約を迫るものが8号の対象になります。

解 説　Explanation

○ 第7号と第8号の棲み分け

　事業者が契約締結前に行ってしまう行為が、契約を締結した場合に事業者が契約上負うことになるであろう債務の全部又は一部の実施に当たる行為のうち、原状の回復が著しく困難なものは第7号の適用の対象となります。

　一方、債務の履行に該当する行為であっても原状回復が困難とはいえない場合には、7号の取消事由には該当しませんので、8号による取消事由の対象になります。

　また、債務の履行ではなく、契約の締結に向けた事業活動が問題となる

場合には、7号では取消ができません。そこで、8号で取り消すことができるものと定めています。

　以上を整理すると、第8号の適用の対象となる行為は、（1）契約上の債務の全部又は一部の実施に当たらない行為と（2）債務の全部または一部の実施に当たる行為のうち、原状の回復が著しく困難とは言えないものの二種類が対象になるということになります。

33 消費者の後見の開始などを理由とする解除条項は無効となったということですが、それはどのようなものですか。また、なぜ不当条項とされたのですか

Check　消費者契約法8条の3

Point
① 消費者が成年後見・保佐・補助の開始の審判を受けたことのみを理由に契約解除できるとする条項は無効。
② 判断力が低下した人の支援制度の趣旨を否定するような条項は無効とするもの

消費者が認知症などで判断力が低下した場合、自立支援を得るために成年後見制度の開始の審判などを受けた場合に、それだけを理由に契約を解除できると定めた契約条項を無効とするものです。

解説　Explanation

1．問題の所在

　高齢社会になり、今後は高齢化や認知症などにより判断力が低下する事例が増加することが予想されます。判断力が低下して、自分だけでは適切な契約の選択ができないなど自立した生活が難しくなった場合に、残された能力を十分活用しながら自立支援を受けることによって自分らしい生活をおくることができるようにとの考え方から支援制度として設けられているのが、成年後見・保佐・補助の制度です。

　これらの制度は、家庭裁判所に開始の審判と成年後見人・保佐人・補助人の選任の審判を受けて利用できることになります。家庭裁判所は、判断

力の低下の状態に応じて、成年後見か保佐か補助のいずれに該当するか判断して審判をします。

　このように成年後見制度は、判断力が低下した本人を支援するための制度ですが、消費者契約の中には、本人が成年後見などの開始の審判を受けた場合には、それだけを理由に契約を解除できると定めた条項を使用している場合があります。

　判断力が低下した本人が、低下した判断力を補うための支援制度を利用しようとして成年後見開始の審判の申立をして、家庭裁判所がこれを認めると、事業者は、契約条項に基づいて契約を解除してくることが考えられます。すると、判断力が低下した消費者は、自分が必要とする商品やサービスを手に入れることができなくなってしまいます。消費者は、契約を解除されないようにするためには、成年後見などの支援制度を利用しないことにするか、成年後見制度を利用する以上は商品やサービスが手に入らなくてもしようがないとあきらめるかしか対応のしようがなくなります。

　契約による商品やサービスが、消費者の生活に必要不可欠の場合には、成年後見制度などを利用すると生活が困難になってしまいます。支援制度を活用することができないと、いろいろな不便や被害を蒙ることになります。

　成年後見開始の審判のみを契約の解除原因とする条項は、判断力が低下した人に対する人権侵害そのものであるといえるわけです。

改正条文
（事業者に対し後見開始の審判等による解除権を付与する条項の無効）
第八条の三　事業者に対し、消費者が後見開始、保佐開始又は補助開始の審判を受けたことのみを理由とする解除権を付与する消費者契約（消費者が事業者に対し物品、権利、役務その他の消費者契約の目的となるものを提供することとされているものを除く。）の条項は、無効とする。

２．不当条項となるのは…

　2018年改正で新規に設けられた８条の３の規定で、不当条項であることが明確化されたのは、消費者が、成年後見開始、保佐開始または補助開始

の審判を受けたことのみを理由とする解除権を付与する消費者契約の条項
です。

　改正前の法律でも、このような契約条項は、消費者契約法10条により無
効だと解釈ができたはずですが、改正により、端的に無効であることが明
確化されたという意味があります。

3．例外規定

　ただし、消費者が事業者に対して、物品・権利・役務、その他の消費者
契約の目的となるものを提供することとされている契約には、適用があり
ません。もし、このような条項が定められていたとしても、8条の3の規
定の本文の適用はないので、直ちに無効とは言えないということです。

　改めて、消費者契約法10条に該当するかどうかを検討する必要があると
いうことになります。

34 消費者の後見等を理由とする契約
解除条項を用いた契約の具体例を
教えてください

Check 消費者契約法8条の3

Point ① 消費者が住居を借りる賃貸借契約
② 消費者が継続的な介護サービスを受ける契約

解 説 Explanation

1. はじめに

　消費者が成年後見・保佐・補助などの開始の審判を受けたことのみを理
由とする解除条項とは、具体的には次のような契約条項を定めている場合
と考えられます。

（1）「契約当事者である消費者が成年後見開始の審判・保佐の開始の審
判・補助の開始の審判をうけた場合には、ただちに契約は解除されるもの
とします。」

（2）「契約当事者である消費者が成年後見開始の審判・保佐の開始の審
判・補助の開始の審判をうけた場合には、事業者は、契約を解除すること
ができるものとします。」

2. 具体例

　このような契約条項を設けている具体例としては、消費者が住まいを借
りている賃貸住宅の契約があります。賃貸人が、あらかじめ賃貸借契約の
条項として、上記のような契約条項を定めておいて、賃借人が成年後見開
始等の審判を受けた場合に、契約を解除して明け渡しを求めるなどの事例
です。

このような事例では、成年後見制度などを利用すると住まいを失うことになると、生きていく権利さえおびやかされることになってしまいます。

　重い認知症の高齢者の場合には、火の始末ができなかったり、煮炊きしていることを失念したりして出火事故を起こすことがあったり、迷惑行為などを頻繁に起こして近隣に迷惑をかけた結果、他の賃借人が逃げ出して賃借人がいなくなって賃貸人が困るなどの事態も生じています。そのため、賃貸人としては、このような条項を入れておくことによって自衛しようとするのかもしれません。

　しかし、このような条項は無効で、成年後見などの開始の審判だけを理由に契約を解除することはできません。

　ただし、火の不始末で失火を繰り返したり、迷惑行為によって賃貸人や近隣に損害を与えている場合には、これらの行為を理由に契約を解除することができる可能性があります。

3．大阪高判平成25.10.17消費者法ニュース98号283頁

　消費者が成年後見制度などを利用した場合には、事業者が、それだけを理由に違約を解除できる、あるいは当然に契約を解除されるといった契約条項は、改正前の法律であっても、無効とされる可能性がある条項でした。

　平成25年大阪高判は、適格消費者団体が、事業者が使用していた契約条項が消費者契約法10条に反するとして差止めを求めた事例です。

　この事件では事業者が、この事件で事業者が用いていた住宅の賃貸借契約に関する契約条項には、賃借人に破産、民事再生、競売、仮差押え、仮処分、強制執行、成年後見、保佐の申立や決定があった場合には、賃貸人に解除権が発生するとの条項が設けられていました。適格消費者団体は、この契約条項が消費者契約法10条に反するもので不当条項であり無効であるからと差止めを求めました。

　判決では、適格消費者団体の主張を認めました。

　改正法は、この判決の一部分を独立の不当条項として明確化したものです。

35 事業者が自分の責任を自ら決める条項は無効とのことですが、法律の条文ではどのような内容になっていますか。また、具体的にはどのような条項が該当するのですか

Check 消費者契約法第8条、8条の2

Point
① 当社が責任があると判断した場合には、などの条項。
② 当社が認めた額を賠償するなどの条項

 「当社が責任があると認めた場合には損害を賠償します。」「当社が損害と認めた賠償額を賠償します。」などの条項がこれにあたります。

解説 **Explanation**

1. 問題の所在

　民法上は、事業者と消費者との間の契約に関して、事業者側が契約を守らず、消費者が損害を被り、その原因として事業者側に責めに帰すべき事由（落ち度などのこと）がある場合には、事業者は消費者が被った損害を賠償すべき義務があると定めています（民法415条・416条）。

　事業者と消費者との契約に関して、契約の締結や履行などの場面で、事業者側に故意や過失があり消費者が損害を被った場合にも、事業者は損害賠償責任を負うと定めています（民法709条）。

　また、事業者に重大な債務不履行がある場合には、消費者は、事業者の債務不履行を理由に契約を解除することができます（民法541条など）。

ところが、消費者契約において使用されている契約条項の中には、「当社が、当社に責任があると認めた場合には賠償する。」とか「当社が認めた金額の賠償をする。」「当社が、当社に責任があると認めた場合には、消費者は契約を解除できる。」などの趣旨の規定を定めている場合が少なくありません。そして、消費者からの債務不履行や不法行為に基づく損害賠償や解除の通知を受けると、「当社には責任はないと考えている。契約条項では、当社が認めた場合に賠償する（あるいは契約を解除できる）と定めている関係上、当社が責任がないと判断している本件では損害賠償責任はない（あるいは消費者は契約を解除できない）」などと主張してくるわけです。

　事業者が一方的にこのような契約条項を使用している場合には、民法上の規定によれば事業者に損害賠償責任などがあるケースであっても、事業者の判断によって消費者の損害賠償請求権が奪われてしまうのは正当な消費者の法的権利を奪うもので不当だと考えられます。そこで、改正前の消費者契約法でも、消費者契約法10条の一般条項により無効だといえそうです。

　しかし、消費者契約法10条では、民法などの法令の任意規定に比して消費者の権利を制限していることに加えて、信義誠実の原則に反する場合であることが無効となるための要件として必要とされています。そのため、民法上の消費者の権利を奪う規定だから直ちに無効というわけではなく、信義誠実の原則に反するものであるとの評価が必要であるため、消費生活相談窓口などでは活用しにくいという問題があります。消費生活相談窓口などで効果的に消費者の被害救済支援をするためには使い勝手がよいとはいえませんでした。

　そこで、こうした条項が不当条項であることを明確化する必要がありました。

改正条文（下線は著者による強調）
（事業者の損害賠償の責任を免除する条項）
第八条　次に掲げる消費者契約の条項は、無効とする。
　一　事業者の債務不履行により消費者に生じた損害を賠償する責任の全部を免除し、又は<u>当該事業者にその責任の有無を決定する権限を付与する条</u>

項

二　事業者の債務不履行（当該事業者、その代表者又はその使用する者の故意又は重大な過失によるものに限る。）により消費者に生じた損害を賠償する責任の一部を免除し、又は<u>当該事業者にその責任の限度を決定する権限を付与する条項</u>

三　消費者契約における事業者の債務の履行に際してされた当該事業者の不法行為により消費者に生じた損害を賠償する責任の全部を免除し、又は<u>当該事業者にその責任の有無を決定する権限を付与する条項</u>

四　消費者契約における事業者の債務の履行に際してされた当該事業者の不法行為（当該事業者、その代表者又はその使用する者の故意又は重大な過失によるものに限る。）により消費者に生じた損害を賠償する責任の一部を免除し、又は<u>当該事業者にその責任の限度を決定する権限を付与する条項</u>

五　消費者契約が有償契約である場合において、当該消費者契約の目的物に隠れた瑕疵<small>かし</small>があるとき（当該消費者契約が請負契約である場合には、当該消費者契約の仕事の目的物に瑕疵があるとき。次項において同じ。）に、当該瑕疵により消費者に生じた損害を賠償する事業者の責任の全部を免除し、又は<u>当該事業者にその責任の有無を決定する権限を付与する条項</u>

2　…　以下省略　…

（消費者の解除権を放棄させる条項等の無効）

第8条の2　次に掲げる消費者契約の条項は、無効とする。

一　事業者の債務不履行により生じた消費者の解除権を放棄させ、又は<u>当該事業者にその解除権の有無を決定する権限を付与する条項</u>

二　消費者契約が有償契約である場合において、当該消費者契約の目的物に隠れた瑕疵があること（当該消費者契約が請負契約である場合には、当該消費者契約の仕事の目的物に瑕疵があること）により生じた消費者の解除権を放棄させ、又は<u>当該事業者にその解除権の有無を決定する権限を付与する条項</u>

　（注）2017年民法改正に伴う改正については、**Q11**で取り上げています。

2．改正のポイント

　事業者の損害賠償責任を免除する条項や消費者の解除権を放棄させる条

項については、すでに消費者契約法 8 条と 8 条の 2 において不当条項で無効であることを定めていました。

　そこで、改正法では、新たな条文を定めるのではなく、上記の各条文に「……当該事業者に損害の有無や程度を決定する権限を付与する条項」「……当該事業者に解除権の有無を決定する権限を付与する条項」などの規定を追加する改正をすることによって、明確化しました。

　これにより、損害賠償責任の有無や消費者の解除権の有無、損害賠償の程度や額を事業者が決定する旨の契約条項が不当条項であり無効であることを明確化されたわけです。このような条項を設けていても、これらの条項は無効です。したがって、民法の規定に基づいて損害賠償責任の有無や程度、解除権の有無は判断されることになります。

特定商取引法編

Q 1　特定商取引法とはどんな法律ですか

Point

① 特殊な取引方法で問題が多いものを規制

② 被害の拡大防止のための行政規制と被害救済のための民事ルールを定めている。

③ 現在は、訪問販売等の7類型の取引を規制している

特定商取引法は、特殊な取引方法による契約で、過去に消費者被害が多発したものについて規制した法律です。規制の内容は、取引の適正化を図って消費者被害を防止することを目的とした取締規定と被害に遭った消費者が契約を解消したりすることができる民事ルールとを定めています。

　所管は消費者庁で、都道府県知事にも連限があります。特商法の行政規制に違反している場合には最大で2年間の業務停止命令をすることができます。

　このような行政規制のための法律であることから、法律のほかに政令・主務省令などで詳細が定められています。

解 説　Explanation

1. 法律の性格

　すべての消費者契約を対象とする消費者契約法は民法の特別法です。消費者契約法1条から11条は、法律の条文のみで運用されています。

　一方、特定商取引法は、規制対象取引について行政規制を定めています。

　取引きの適正化を図って消費者被害を防止し、適正な業界の発展を目的としています。消費者被害を救済するためのクーリング・オフ制度などの民事ルールを定めていますが、それだけではなく行政規制の制度を設けて

いる点が大きな特徴です。

　そのため、特定商取引法では、行政規制の透明性・明確性を担保するために、細かな点まで政令・主務省令・ガイドラインなどが定められている点が特徴です。

２．規制対象取引

　現行法では、訪問販売などの７種類の取引が規制されています。

特定商取引法は、昭和51年に訪問販売法（正式名称は「訪問販売等に関する法律」）として制定されました。制定当時は大量生産品の中から政令で指定された商品に関する訪問販売と通信販売、及び物品を対象とする連鎖販売取引の三種類の取引を規制していました。

　その後、新しい取引方法で消費者被害が多発する都度、取引対象が追加・改正され、2012年に訪問購入が追加されて現在の７類型の取引方法が規制対象になっています。

　今後も、新たな取引方法の被害が多発し、消費生活センターなどに多数の情報がよせられた場合には、さらに規制対象取引として追加されていく可能性があります。

　2016年改正では、訪問販売等の要件の「政令指定権利に係る取引である」ことと定められていたものが「特定権利にかかる取引」と拡大されたり、特定継続的役務提供に美容医療が追加されました。これらに関する消費者被害が多発増加したことによるものです。

３．所管庁

　特定商取引法を所管しているのは消費者庁です。行政調査や行政処分の権限は、都道府県知事に委任されています。地域的な被害の場合には、都道府県知事が行政処分できます。

　この事務は自治事務で、行政処分の効果は、処分庁の都道府県内に限られます。たとえば、ある県が業務停止命令を行った場合であっても他の都道府県での営業活動には効果は及びません。そこで、広域被害の場合には、近隣の都道府県と共同で行政処分を行う取組がなされています。

2 2016年に特定商取引法が改正されたのはどのような事情によるものですか

Point
① 2008年改正特定商取引法の施行後5年経過による見直し
② 電話勧誘や訪問販売による高齢者の被害の増加が問題に。
③ 美容医療のトラブルの急増に対する対策の必要性。

 2016年の特定商取引に関する法律（以下「特定商取引法」という）の見直しは、2008年の改正特定商取引法附則において施行後5年を目途に見直すと定められていたことによるものです。

　上記附則に基づいて2015年に消費者委員会特定商取引法専門調査会が設置され、2008年改正法施行後の状況を踏まえて、改正法で不十分な点はなかったか、新たにどのような問題が発生しているかを洗い出し、改正についての検討がされました。専門調査会は2015年12月に報告書を取りまとめ年明けの通常国会に改正法案が上程され、国会の審議を経て改正法が成立し、2016年6月3日に改正法が公布されました。

　問題点は多岐にわたりますが、大きな問題となったのは訪問販売と電話勧誘販売で高齢者の被害が増加を続けていることと、美容医療に関する消費者被害が増加し続けていることでした。

解説 **Explanation**

1．2008年改正法の経過

　2016年改正は、2008年改正後の見直しという性格のものです。そこで、今回の改正について説明する前に、2008年改正法の概要を確認しておくことにします。

2008年の特定商取引法の改正は、訪問販売業者による高齢者の被害が多発し、深刻な事態が大きな社会問題となっていたことによります。問題となっていた消費者被害とは、訪問販売業者が判断力等が低下した消費者を狙って、次々と同じような種類の商品やサービスを購入させる契約を繰り返し締結させ、年金・退職金・老後のための蓄え・自宅までも代金回収のために奪っていくという事態が全国的に多発したというものでした。

　最初に社会問題となったのは、リフォーム業者が判断力の低下した高齢者を狙って訪問勧誘して、20件前後にもわたる消費者にとっては無意味な住宅リフォーム契約を締結させ、退職金や老後の蓄え、年金収入などを奪っただけではなく、個別クレジット業者と結託して持家を狙って個別クレジット契約を締結させ、個別クレジット業者が消費者の自宅を差し押さえる事態が多発していることが判明したというものでした。こうした被害を「次々販売」などと呼んでいます。

　その後の調査で、同種の被害は布団・呉服・健康器具や健康食品・絵画など多種多様な商品で発生していることが判明しました。2008年改正は、このような事態に対応すべく行われました。

２．2008年改正法の概要

　2008年の主な改正点は下記の通りです。

（１）　政令指定商品・政令指定役務制度の廃止

　訪問販売・通信販売・電話勧誘販売に該当するためには「指定商品・指定役務・指定権利に係る取引」に限定していた指定制度を廃止して原則「すべての商品・役務」に係る取引に拡大したこと（指定権利は維持）。

（２）　過量訪問販売解除制度の導入

　その消費者の日常生活にとって必要な商品等の量や回数を著しく超える契約をさせられた場合には、契約締結日から１年間は契約解除できる制度を導入したこと。解除の際の清算方法はクーリング・オフの規定（特定商取引法９条３項以下）を準用しています。

3．改正法施行後の状況──高齢者の被害の増加

　2015年に開催された消費者委員会特定商取引法専門調査会では、2008年改正法施行後も高齢者の訪問販売と電話勧誘販売の被害は減ることがなく、むしろ増加していることが明らかになりました。とくに、電話勧誘販売の被害は増加の一途をたどっていました。

　何が原因で増加していたのでしょうか。被害の内容を見ると、事業者が電話勧誘や訪問勧誘の手法を用いて、高齢者に対して「老後の資金が目減りしては困るでしょう」などと持ちかけて確実な資産運用であるとの説明のもとに、未公開株・社債・外国通貨・仮想通貨・各種ファンドへの出資、お墓や有料老人ホームの利用権・外国の不動産の利用権・鉱物や水などの採掘権など様々な「権利」と称するものについての取引させるものが多くを占めていました。特定商取引法を所管している消費者庁と都道府県の対応は、「これらの取引は商品や役務に関する取引ではない。また、政令で指定されている権利にも該当しない」との見解を示していました。そのために特定商取引法の適用はなく、行政処分を行うことはできず、クーリング・オフなどの民事ルールの適用もない状態で被害防止の取組みは消費者に対する啓発にとまり、消費生活相談による解決も困難を極める事態となっていました。

　悪質な勧誘行為が行なわれているにもかかわらず放置され、被害が拡大するままとなっていたといってもよい状態だったわけです。被害者に対する効果的な解決手段であるクーリング・オフ制度の適用もないなど、大きな問題となっていました。さらに、規制対象取引についても、事業者の悪質化が進み行政処分の実効性の点でも不十分であることが指摘されました。

4．美容医療に関する消費者被害の増加と深刻化

　近年では、美容医療に関する消費者被害の増加が問題となっています。美容医療については、施術前の説明やインフォームドコンセントなどに問題があるもの、医療処置の結果が期待しただけの効果があがらないというもの、手術の失敗などの医療技術や安全性にかかわるもの、合併症や後遺症などに関するもの、クリニックの広告やホームページの不当表示（景品

表示法による措置命令の事例もあります）、契約・解約に関するものなど、問題
状況は多岐にわたっており、複雑で深刻な状況にあります。

　契約・解約に関するものとしては、継続的な契約を締結した後に中途解
約しようとしたところ、契約で中途解約は認めていないとか、中途解約を
しても一切返金しない特約となっていた、あるいは高額な違約金を支払う
定めとなっていた、などの事例が少なくありません。

　たとえば、エステティックサロンとの脱毛契約だと、契約期間が１か月
を超え、契約合計金額が５万円を超える契約の場合には、特定継続的役務
提供として規制されているため、消費者には中途解約権があり、清算方法
についても特定商取引法で上限の規制があります。ところが、脱毛の契約
をした相手が医療機関の場合には特定商取引法の規制がないため消費者に
とっては不利な状況となっていたわけです。

Q 3　改正点の概要はどのようなものですか

Point

① 訪問販売・通信販売・電話勧誘販売の定義の拡大
② 具体的には政令指定権利を特定権利に拡大した
③ 電話勧誘販売にも過量販売解除制度を導入
④ 特定継続的役務提供に美容医療を追加した
⑤ 行政処分の執行体制を強化する改正
⑥ その他、政令・省令による改正もある

改正法は、専門調査会で問題として指摘され、改正すべきであるとして意見の一致が見られた点について行われました。大きな改正点は下記のとおりです。

　第1に、高齢者に被害が多発している「権利の販売」と称するすべての訪問販売・電話勧誘販売にも規制が及ぶように改正すべきという指摘により、指定権利制度が見直されました。

　第2に、特定継続的役務提供に美容医療が追加されました。

　第3に、行政処分の執行体制についての規律が強化されました。

解　説　　Explanation

1．特定商取引法の特徴

　特定商取引法は民法の特別法である消費者契約法のような民事ルールと異なり、監督官庁が規制対象の事業者を取り締まるための行政法としての性格をもつ法律です。

　特定商取引法は、クーリング・オフ制度、過量販売解除制度、取消制度、中途解約権と清算方法の規制、通信販売の返品制度などの民事ルールも定

めているため、消費者被害の解決にも広く活用されています。これは、起こってしまった個別の消費者被害を救済するための民事ルールです。

特定商取引法は、事後救済のための民事ルールを定めているだけではなく、消費者被害の拡大防止と抑止・事業者の公正競争を確保するための行政規制の制度を定めている点が、消費者契約法とは異なる特徴です。

そのため、特定商取引法は、法律だけではなく政令・主務省令（規則）・様々なガイドライン・解釈通達が定められ、これらを踏まえて運用されています。特定商取引法の改正の際には、法律の改正だけでなく、政令・主務省令（規則）・ガイドライン・解釈通達も改正されます。改正法を理解するためには、法律そのものの改正点だけではなく、政令・主務省令（規則）・ガイドライン・解釈通達などの改正点も押さえておくことが大切です。

本書では、特定商取引法・政令・主務省令・通達の改正点を踏まえて取り上げることにします。

2．特定商取引法の改正点

特定商取引法の法律自体の改正点は下記のとおりです。

（1）　訪問販売・通信販売・電話勧誘販売の定義の拡大として、これらの取引の対象として権利に関する取引についての定義を見直して、「政令指定権利」から「特定権利」に拡大しました。

（2）　**通信販売の広告規制の追加**

通信販売の広告規制として、改正前の法律でも2008年に電子メール広告の送り付けを禁止し、あらかじめ消費者の同意を得ることを必要とする規制を導入しました（いわゆるオプトイン規制）。ところが、その後、果物などの通信販売広告をファクシミリ装置で送り付けてくる事例が発生し、消費者からの苦情が多発しました。そこで、ファクシミリ広告についても原則として一方的に送り付けることを禁止し、あらかじめ消費者の同意を得ることを必要としました（電子メール広告のオプトイン規制と同趣旨の規制を導入）。

（3）　電話勧誘販売にも過量販売の禁止と解除制度を導入しました。

過量販売の禁止と解除制度は、2008年改正で訪問販売に導入した制度で

す。電話勧誘販売でも、判断力の低下した高齢者などで過量販売の被害が多発していることから、訪問販売同様に過量販売の規制を導入しました。

（4）　取消制度について取消期間を延長

　特定商取引法では、訪問販売・電話勧誘販売・連鎖販売取引・特定継続的役務提供取引・業務提供誘引販売取引の5種類の取引について、契約の締結について勧誘をするに際して、事業者が重要事項について事実と異なることを告げたり、説明をしなかったことにより消費者が誤認して契約を締結した場合には、その契約を取り消すことができる制度を導入しています。

　この場合の取消期間は消費者契約法による取消制度と同じ定めとなっています。

　2016年消費者契約法改正で、消費者契約法による取消期間が「追認できる時から6月」から「追認できる時から1年」に延長されたことを受けて、特定商取引法の取消期間も同様に延長する改正をして、改正消費者契約法と横並びに改めました。

（5）　執行体制の強化（規制行政に関する規定の見直し）

　事業者の悪質化が進み違反業者に対する行政処分が困難な事例もあることから、調査・処分の内容、手続き・刑事罰などについての強化をしました。

3．政令の改正

　政令の改正では、規制対象の特定継続的役務提供取引に「美容医療」を追加する指定をしました。特定継続的役務に美容医療を追加指定したことに伴って、美容医療の場合の関連商品を政令で指定し、さらに中途解約した場合の解約料などの損害賠償の予約関係の上限金額の指定も政令で定めました。

4．主務省令の改正

　主務省令では、三点の改正をしました。

（1）　訪問販売の特定顧客の呼び出し方法の「電磁的方法」にSNSを追

加する旨の改正をしました。具体的には、通信販売の電子メールのオプトイン規制に関する主務省令を改正して、電磁的方法には SNS も含まれることとしました。

（２）　禁止行為の追加

　不当な勧誘方法として禁止する行為に、借金をするよう勧誘する行為、消費者に迷惑を及ぼす方法で個別クレジット契約を締結するよう勧誘したり銀行や貸金業者のところに同行すること、を追加しました。違反した場合には行政処分の対象となります。通信販売・訪問購入の２つの取引以外の取引について、追加されました。

（３）　通信販売では、いわゆる「定期購入」に関するトラブルが多発していることから、広告記載事項「契約の回数・期間・合計金額」などを表示することを義務付けました。違反した場合には、行政処分の対象となります。

5．通達の改正によるもの

（１）　訪問販売・電話勧誘販売の解釈に関すること

　　・いわゆる原野商法なども規制対象となることを明示しました。

　　・外国通貨の販売も規制対象となることを明記しました。

　　・「○○の権利」の販売とか、事業投資の契約などでも、投資スキームとしての契約の実態がある場合には「役務取引」として規制対象となることを明確化しました。

（２）　特定顧客取引の解釈について

　契約の勧誘目的であることを隠して呼び出し、勧誘目的を隠したまま何回も来訪を約束させ、約束により営業所等に出向いた消費者に対して契約の勧誘をして契約の締結をさせた場合には、特定顧客取引として訪問販売に該当することを明確化しました。

（３）　訪問購入の定義の当てはめについて

　貴金属等の訪問購入について、事業者が、対価の支払方法として金券・電子マネー・商品の引き渡しなどによった場合であっても訪問購入に当たることを明確化しました。

　以上の改正点については、以下論点ごとに取り上げています。

Q4 改正法はいつから施行 されましたか

Point　① 施行日は2017年12月１日
　　　　② 改正法施行後に締結された契約に適用される

A 改正法は、2017年12月１日から施行されました。改正法施行日以降に締結された契約に改正法が適用されます。施行日前に締結した契約には改正前の特定商取引法が適用されます。

解説　Explanation

　施行日は、法律の公布の日から１年６月以内で政令で定める日から、と定められていました。政令で施行日は2017年12月１日からと定められました。

　改正法には遡及効はありません。したがって、契約締結日が施行日以降の契約であれば、改正法の適用があります。改正法施行前に締結した契約については、改正前の法律が適用されます。

　改正法施行後の相談であっても輪法律の適用については「契約を締結した日」が基準になるので、注意が必要です。

5 訪問販売・通信販売・電話勧誘販売の定義が拡大されたということですがどのように拡大されたのですか

Point

① 改正前は、すべての商品の売買契約、すべての役務（サービス）の有償取引、政令指定権利の売買が対象とされていた。
② 2016年改正で権利の販売について、政令指定権利から特定権利に拡大された。

権利に関する販売契約の場合には、政令指定権利だけではなく、特定権利の販売契約であれば、訪問販売・通信販売・電話勧誘販売の規制対象となる旨の改正がされました。

解説 **Explanation**

1．問題の所在

2016年改正前は、訪問販売・通信販売・電話勧誘販売の定義には、それぞれの取引方法に関する要件のほかに、「商品の販売・有償の役務の提供・指定権利の販売」であることが必要であると定められていました（改正前特定商取引法2条）。

商品販売や有償の役務契約の場合には、原則として（特定商取引法26条による適用除外に該当しなければ）、訪問販売・通信販売・電話勧誘販売の各規制が及びます。一方、権利の販売の場合には、「指定権利の販売」でなければ、訪問販売・通信販売・電話勧誘販売の規制は及びませんでした。

指定権利とは、2016年改正前法では「施設を利用し又は役務の提供を受ける権利のうち国民の日常生活に係る取引において販売されるものであつて政令で定めるもの」（改正前法2条4項）と定められ、下記の権利が政令

で指定されていました。

政令（抜粋）

別表第一（第三条関係）

一　保養のための施設又はスポーツ施設を利用する権利

二　映画、演劇、音楽、スポーツ、写真又は絵画、彫刻その他の美術工芸
　　品を鑑賞し、又は観覧する権利

三　語学の教授を受ける権利

　さらに、2008年改正前は、「指定商品・指定役務・指定権利」にかかる
取引であることが、訪問販売・通信販売・電話勧誘販売の定義規定にあり
ました。そのため、商品販売であっても、政令で指定されていない商品の
販売契約だと、特定商取引法の適用はありませんでした。特定商取引法を
無視したひどい販売方法を繰り返しても行政処分の対象にはならず野放し
とされたままであるだけでなく、クーリング・オフ制度などの民事ルール
の適用もないため、消費生活相談などで迅速な被害救済をすることも容易
ではないなどの問題がありました。

　訪問販売・通信販売・電話勧誘販売に関する消費者被害は「契約内容が
どんなものか」という違いによって生ずるものではありません。訪問販
売・通信販売・電話勧誘販売といった特殊な販売方法にその原因がありま
す。したがって、販売される商品の種類の違いなどで規制の有無を区別す
る合理的理由はまったくなく、むしろ、指定制度は常に悪質事業者に「や
り得」の余地を残すことになる問題のある仕組みでした。

　このような視点から、2008年改正では、商品と役務に関する取引につい
ては、指定制度を廃止して原則としてすべての商品・役務の取引にも訪問
販売・通信販売・電話勧誘販売の規制が及ぶものとしました。ただし、権
利の販売については指定制度を維持しました。

2．2008年改正法施行後の新たな問題

　2015年の専門調査会では、2008年改正後に、高齢者を中心に、電話勧誘
や訪問勧誘による「権利の販売」と称する取引で被害が多発していること

が明らかとなりました。

　販売される「権利など」の内容は多岐にわたっていました。有料老人ホームの利用権、お墓の利用権、CO_2排出権、鉱物や水などの採掘権、外国の不動産の利用権や運用権、知的財産権、未公開株、社債などの各種の金銭債権、外国通貨、仮想通貨など千差万別で、事業者の工夫により次々と実体の不明な「権利」の販売契約の勧誘が行なわれる実情にあり、猫の目のように変化し続けています。

　改正前の法律の元では、上記の例示した取引には、訪問販売・通信販売・電話勧誘販売の規制が及ぶか、ということについては、商品・役務・政令指定権利に該当しないとして特定商取引法の規制は及ばないとする運用が行われていました。

3．CO_2排出権取引事例の行政処分

　ただし、改正前のCO_2排出権取引に関する電話勧誘と訪問勧誘による契約については、消費者庁と東京都が特定商取引法に基づく行政処分を行った事例があります。また、クーリング・オフによる解決も実効性をもっていました。なぜなのでしょうか。

　被害事例を見ると、CO_2排出権取引の内容は、形式上はCO_2排出権の売買契約であるとされていましたが、事業者による取引の仕組みの説明は、契約当事者である事業者が販売業者というわけではなく、契約事業者は売買契約の仲介業者であると説明していました。この点から、消費者と電話勧誘業者との契約内容の実態は、「権利の売買契約」ではなく、「権利の売買についての仲介サービス」である。仲介サービスは「役務」に当たるので、電話勧誘販売の規制が及ぶとして処分したものでした。

4．指定権利から特定権利に拡大

　専門調査会では、以上のような現状が問題視され、これまでも消費者被害が発生しているすべての権利の販売についても訪問販売・通信販売・電話勧誘販売として規制すべきことは当然のことであり、できるだけすみやかに対応すべきであると、全会一致で指摘されました。

その結果、指定権利制を見直して、これまで発生している権利の取引に
も規制が及ぶよう改正すべきとの結論となりました。具体的には、特定商
取引法2条の定義を改正して、「指定権利」から「特定権利」に権利の内
容を拡大することとなったわけです。

Q 6 なぜ権利の販売が指定権利に限定されていたのですか

Point

① 特定商取引法は立法当初から指定制度。

② 2008年改正で使用品と役務については、政令指定を廃止した。

③ 2016年改正で政令指定権利から特定権利に広げた。

訪問販売・通信販売・電話勧誘販売の定義を満たすための要件としては、販売方法についての要件のほか、取引内容についての要件も定めています。改正前の法律では、商品や役務についてはすべての取引が対象とされていましたが、権利に関する取引については、政令で指定された権利に係る取引のみに限定されていました。そのため、政令指定権利以外の「権利の売買」には、訪問販売や電話勧誘販売に該当する販売方法であっても、特定商取引法の適用はありませんでした。

そこで、今回の改正では、政令指定権利から特定権利に拡大する改正をしました。

解説　Explanation

1．指定制度の歴史

訪問販売等の定義が政令指定権利に限定されていた理由を理解するためには、特定商取引法の制定経過などの歴史的経過を踏まえておく必要があります。そこで、まず、特定商取引法の歴史的な経過について概観することにします。

特定商取引法は、1976（昭和51）年に「訪問販売等に関する法律」（以

下「訪問販売法」という）して制定されました。制定当初の訪問販売法では、訪問販売・通信販売・連鎖販売取引の三種類を規制対象としていました。そして、訪問販売と通信販売については、大量生産品の中から政令で指定するものについての取引に限定していました。訪問販売法の制定当時は政令指定商品制度をとり、政令で指定できる商品は大量生産品に限られていたわけです。このような規制内容となったのは、1960年代に高度経済成長を迎え工業の生産力が消費者の需要を上回ることとなったため、訪問販売等の新たな販売方法が広く用いられるようになり、被害をもたらし社会問題となっていたという事情があります。このような被害に対して、国民生活審議会（当時）では、取引を適正化して消費者被害を防止するための規制が必要であるとの答申を出しています。これを受けて、通産省（当時）は、1971年に訪問販売法を制定しました。

　しかし、訪問販売法制定当時は、大量生産大量販売の時代からサービス化の時代を迎えていました。さらに、消費生活も変化し、工場生産品だけではなく絵画や墓石、宝飾品などの多様な商品にまで訪問販売は広がりを見せ、消費者被害が見られるようになっていました。訪問販売法は、制定作業に時間がかかり（当時は、今よりも新規立法や法律の改正には時間がかかる時代でした。）、制定された時には、やや時代に遅れる内容になっているとの批判があったわけです。

　その後、1988（昭和63）年に訪問販売法の第一次の大改正が行なわれました。この時の改正では、政令指定できる商品の定義から大量生産品であることを示す条件を廃止して一点ものでも大量生産品でなくても、「国民の日常生活において契約することがある商品であれば」特に商品の特殊性で限定することなく指定できるように拡大しました。一点ものでも、中古品でも、規制対象にできることになったのです。

　さらに、サービス化社会を迎えてサービスに関する取引についてのトラブルが増加していたことから、サービスも役務として指定することができるものとし、政令指定役務取引にも訪問販売・通信販売の規制が及ぶものにしました。この時に指定された役務は、当時、消費者被害が多発していたものを抽出して指定しました。

政令指定役務制度を導入するにあたって、「政令指定役務の提供を受ける権利」を切りはなして、権利として別会社から売買することにより、訪問販売の規制の脱法が行なわれることを防止するために、政令指定権利も規制対象とすることとしました。こうして、1988年改正により、政令指定商品・政令指定役務・政令指定権利にかかる訪問販売・通信販売は規制対象となったわけです。

　その後の改正で、電話勧誘販売が規制対象として追加されましたが、電話勧誘販売の定義においても、訪問販売の定義と同様に、政令指定商品と政令指定権利の販売・政令指定役務の有償契約であることが適用要件と定められました。

2．政令指定制度への批判

　政令指定制度の元では、政令で指定されていない商品・役務・権利についての訪問販売・通信販売・電話勧誘販売には規制が及びません。そのため、悪質業者は政令で指定されていない商品や役務や権利などを工夫して訪問販売などで販売することが少なくありませんでした。消費者被害が多発すると、政令を改正して新たに追加してきましたが、政令で追加指定されれば、悪質業者は指定されていない内容にシフトする、といったいたちごっこが繰り返されてきました。

　典型的な事例に原野商法の二次被害があります。原野商法の被害に遭って、無価値の山林や原野を持って困っている消費者を狙って悪質事業者が、「あなたの所有している土地を高く買いたがっている人がいるので、売りたくありませんか。」と電話や訪問で勧誘するというのが、原野商法の二次被害です。当初は、土地を処分するためには測量する必要があると述べて、測量の契約をさせるというものでした。被害が多発するので、国は、測量を指定役務として追加指定しました。そうすると、事業者は「整地」が必要だからと「整地の契約」を締結させるようになりました。「整地」を政令で役務指定すると、今度は、転売するためには「広告を出す」必要があるからと勧誘して、「広告の委託契約」をさせるようになります。2008年に指定役務制度を廃止してすべての役務を規制対象としましたが、

その後は、消費者が持っている原野を事業者が買いとる代わりに新たな原野を高額な価格で買わせて、差額を支払わせる手口に変化しています。このように、政令指定制度は完全な後追いであり、大きな問題なのです。

しかも、被害が相当程度多発しないと追加指定はされませんから、追加指定されるまでには多くの消費者が犠牲になり、救済されません。悪質事業者にしてみれば、「追加指定されるまではやり得」ということになります。

このように政令指定制度は当初から批判されてきました。日本弁護士連合会は、1988年大改正の際にも「政令指定制度を廃止してすべての取引を規制対象とするべきである」ことを提言しています。その後も、繰り返し政令指定制度を廃止すべきことを指摘しています。

3．2008年改正とその後

こうした状況の中で、2008年改正で政令指定商品制度と政令指定役務制度は廃止されました。これにより、原則としてすべての商品・役務に係る訪問販売・通信販売・電話勧誘販売に特定商取引法の適用があることとなりました。（ただし、同法26条1項の適用除外取引には、訪問販売・通信販売・電話勧誘販売の規制はありません。）

ただし、2008年改正の際には、政令指定権利制度は改正されず、そのまま維持されました。この結論は、十分な検討の結果維持するという結論となったわけではありませんでした。2008年当時は、権利に関する消費者取引の被害事例はあまり見られなかったことから、指定権利制を見直さなければならない特別な事情がなかったことと、権利に関する消費者取引の被害実態がわからないという事情があったため、時間の制約もあり検討されなかったためです。権利についての検討は、先送りされたというのが当時の実情でした。

改正法施行後になると、権利の売買に関する消費者被害が爆発的に増加したため、2016年改正で検討されることとなったという事情があるわけです。

Q7 特定権利の定義はどのように 定められましたか

Point
① 政令指定権利
② 社債などの金銭債権
③ 未公開株式・合同会社や一般社団法人の社員権など が特定権利

特定権利とは、改正前に政令で指定されていた権利に加えて、社債等の金銭債権と、未公開株式や合同会社や一般社団法人などの社員権とされました。政令指定権利については、改正前の定義規定が維持され、政令で指定された権利についてもそのまま維持されています。

解 説 **Explanation**

1．特定権利の概要

改正法では、特定権利について2条4項で下記のように定めました。

> 法2条4項 ・抜粋
> 一 施設を利用し又は役務の提供を受ける権利のうち国民の日常生活に係る取引において販売されるものであつて政令で定めるもの
> 二 社債その他の金銭債権
> 三 株式会社の株式、合同会社、合名会社若しくは合資会社の社員の持分若しくはその他の社団法人の社員権又は外国法人の社員権でこれらの権利の性質を有するもの

一号の権利は、改正前法の「指定権利」の定義規定とまったく同じ内容で

す。また、改正法にもとづいて政令で指定された権利も、改正前のものと同じです（政令別表第1）。

別表第一 （第三条関係）（抜粋）
一　保養のための施設又はスポーツ施設を利用する権利
二　映画、演劇、音楽、スポーツ、写真又は絵画、彫刻その他の美術工芸品を鑑賞し、又は観覧する権利
三　語学の教授を受ける権利

2．特定権利の意味

　上記のように改正特定商取引法の特定権利の定義は、改正前の「指定権利」の定義に、2号と3号を追加し、三種類に増やしたという内容になっています。

2号の権利

　2号で指定している権利は、社債などの金銭債権です。

　会社に金銭を貸し付けた場合には、金銭消費貸借契約に基づいて貸主は会社に対して利息や元本を返済するように請求する債権を取得します。社債とは、貸主の会社に対する金銭消費貸借契約に基づく債権を証券化したものを指します。

　学校に対する金銭債権の場合には「学校債」、医療機関に貸し付けた場合には「医療機関債」です。

　証券会社ではない投資コンサルタントなどと自称するいかがわしい会社が、高齢者を狙って「預貯金より絶対に儲かるから」などと勧誘して、実体のよくわからない社債・学校債・医療機関債などを販売する被害などは過去に発生して社会問題にもなっているものです。

　貸し付けた金銭を返済するように請求することができる権利は、「役務」とはいえませんし、商品にもあたりません。そこで、特定権利に含むものとしました。

3号の権利

　高齢者を狙った電話勧誘販売の被害では、当初は「確実に得られる取引だから」と勧誘して未公開株式を販売するというものでした。未公開株式

とは、証券取引所に上場されていない株式会社の株式を指します。

　高齢者などの電話勧誘販売では、同じように資産運用に良いからと勧誘して合同会社などの社員権を販売する事例も少なくありませんでした。

　このような実態から、「株式会社の株式、合同会社、合名会社若しくは合資会社の社員の持分若しくはその他の社団法人の社員権又は外国法人の社員権でこれらの権利の性質を有するもの」として特定権利に含まれることになりました。

３．適用除外に注意すること

　株式や社債の販売業務は証券会社が行うものが普通です。金融規制緩和後は、銀行でも証券販売が可能になりました。そうすると、証券会社や銀行などが、訪問勧誘や電話勧誘をして契約させた場合にも、特定商取引法の規制が及ぶかという問題が生じます。

　この点については、特定商取引法26条１項で適用除外の規定があることに注意する必要があります。結論から言えば、証券会社や銀行と結ぶ契約には、特定商取引法の適用はありません。

　特定商取引法26条１項８号では、「次に掲げる販売又は役務の提供」については、訪問販売・通信販売・電話勧誘販売の規制については全面的に適用されないとして、適用除外についての定めを設けています。具体的には、特定商取引法とは別の業法による規制がされており、消費者取引について適正化するための行政規制があり、業務停止命令などの行政処分の制度がある場合には、特定商取引法については適用から除外するとしています。

　たとえば、金融商品販売法による登録業者（いわゆる「証券会社」）と消費者との契約に関しては、同法の適用対象取引については訪問販売・通信販売・電話勧誘販売による取引であっても特定商取引法の適用から除外するとの定めがあります。このように定めた制度趣旨は、特定商取引法による規制はなく、金融商品取引法の規制によることとし、２つの法律による二重規制は防ぐという意味です。

　さらに、金融商品取引について、法26条１項８号ニによる政令別表第二、五では下記の取引については特定商取引法の訪問販売・通信販売・電話勧誘販売の規定の適用除外とすると定めています。

　銀行の場合には、法26条１項８号ニによる政令別表第二、二九で下記の取引については特定商取引法の訪問販売・通信販売・電話勧誘販売の規定の適用除外とすると定めています。

供、同法第 2 条第15項に規定する銀行代理業者が行う同条第14項に規定する役務の提供又は同法第52条の42第 1 項に規定する業務として行う商品の販売若しくは役務の提供（同項に規定する内閣総理大臣の承認を受けた業務として行うものを除く。）、同法第 2 条第17項に規定する指定紛争解決機関が行う同条第21項に規定する役務の提供及び同法第47条第 2 項に規定する外国銀行支店が行う同法第10条第 1 項若しくは第 2 項に規定する商品の販売若しくは役務の提供又は同項、同法第11条若しくは第12条に規定する業務として行う商品の販売若しくは役務の提供

　信用金庫や労働金庫などについても法26条 1 項 8 号ニによる政令別表第二において、特定商取引法の訪問販売・通信販売・電話勧誘販売の規定の適用除外とする取引について定めているので、注意が必要です。

Q8 政令指定権利の内容はどういうものですか

Point ① 政令指定権利の定義
② 政令指定権利は改正前と同じ

政令指定権利については改正前と同じ内容が維持され、新たな追加などはされませんでした。

解 説 Explanation

1．指定権利の定義

指定権利については、特定権利に関する規律の一号で、下記のように定めています。

> 法2条4項1号（抜粋）
> 施設を利用し又は役務の提供を受ける権利のうち国民の日常生活に係る取引において販売されるものであつて政令で定めるもの」

この規定に基づく指定権利の定義規定は、2016年特定商取引法の改正に伴う見直しはされず、改正前の指定権利がそのまま維持されました。

2．政令で指定されている権利は…

上記の定義により政令で指定された権利は以下の通りです。この点については、改正前の政令指定かそのまま維持され見直しはされませんでした。

政令別表第一（第三条関係）（抜粋）

一　保養のための施設又はスポーツ施設を利用する権利

二　映画、演劇、音楽、スポーツ、写真又は絵画、彫刻その他の美術工芸
　　品を鑑賞し、又は観覧する権利

三　語学の教授を受ける権利

　一号の具体例は、リゾートクラブやレジャークラブの会員権や
ゴルフクラブの会員権などです。

　二号の具体例は、映画・演劇・美術館などのチケット類です。

　三号は、英会話スクールのレッスンを受ける権利の会員権やチケット類
です。

　これらは役務を提供する事業者とは別の事業者から購入した場合に問題
となるものです。役務提供事業者と直接契約した場合には、役務提供契約
として扱います。

Q 9 外国通貨の売買は対象となるのですか

Point
① 対象は日本国内で為替交換が困難な外国通貨
② 上記の外国通貨の売買は「商品の販売」として扱う

A
国内で為替交換が難しい外国通貨の売買（外国通貨と日本の通貨を交換する取引）は、商品の販売として取り扱うことが明確化されました。

解説　Explanation

1．問題の所在

　高齢者などを狙って電話勧誘で、外国の通貨を販売する悪質商法が2010（平成22）年ころから多発し、社会問題となっていました。問題点としては、次のようなことが指摘されていました。

　第1に、電話などで資産運用になると勧誘する点です。たとえば、「今、安く購入しておけば、将来政情が安定して経済状態が良くなってから日本円にすれば、為替差益で必ず儲かる。老後の資産を確実に増やせる。」などのセールストークを用いる点です。第2に、売買時点の為替レートを国民生活センターなどが調べてみると（国内での為替交換はほとんどされていないので、一般消費者が調べることは容易ではない）、実際の為替レートの数百倍とか数千倍の価格で販売していること。第3が、購入した高齢者が解約しようとしても拒絶されて解約ができないうえに国内での為替交換もできないこと、などです。

　販売される外国通貨は、国民生活センターや消費生活センター、金融庁などが上記の指摘をして注意を呼び掛けると、次々と変化していき、新た

な被害が多発する状態が続いていました。

　国民生活センターは2010年6月24日に、「業者が電話などで『イラクの通貨（イラクディナール。以下、ディナール）をいま買えば、将来、円に両替したときに儲かる』と勧誘するトラブルが、2010年3月以降、急増している。ディナールは、他の米ドルやユーロなどの通貨とは異なり、国内では極めて取引がしにくい通貨であるため、ディナールを購入しても円に換金することは困難である。また、『絶対に儲かる』といった勧誘も目立つが、鵜呑みにすべきではない。高齢者や過去に未公開株などの投資トラブルにあった消費者をねらった勧誘が多いことから、トラブルの拡大を未然に防ぐために、安易にディナールを購入しないよう注意を呼びかける。」とする報道発表をしています。

　2011年10月27日には、イラクディナール、スーダンポンド、アフガニスタンのアフガニ、ベトナムのドン、リビアのディナールなどの被害があることを公表しています。

　さらに、2012年9月21日には、「2010年度以降、…国内では換金が困難な外国通貨（イラクディナール、スーダンポンド、アフガニスタン・アフガニ、リビアディナール、ベトナム・ドン）の取引について、複数回、注意喚起を行」いましたが、「その後、コンゴ民主共和国の通貨「コンゴフラン」、シリア・アラブ共和国の通貨「シリアポンド」、イエメン共和国の通貨「イエメンリアル」、そしてウズベキスタン共和国の通貨「ウズベキスタンスム」の取引に関する相談が新たに寄せられるようになった。」ことを公表しています。

　具体的には、2012年9月までに消費生活センターに寄せられた相談件数は、コンゴ・フランについては合計85件、シリア・ポンドは合計60件、イエメン・リアルは合計22件、ウズベキスタン・スムは合計16件でした。

　このような実情にあるにもかかわらず、特定商取引法による電話勧誘販売の規制は、外国通貨の取引には及ばないとして、行政処分による被害の拡大防止ができなかったうえ、クーリング・オフ制度などの被害救済を迅速に行うことができる民事ルールの適用がなく消費生活相談における迅速に被害救済ができないなどの問題点が指摘されていました。

２．改正法では

　特定商取引法専門調査会では、上記の問題点から、すみやかに電話勧誘販売として規制し、適切な対応を取ることができるようにすべきであることが全員の委員から指摘されました。

　改正法では、解釈通達において国内で為替交換が容易ではない外国通貨の販売については、商品の販売に当たるとして運用することが明確化されました。

　ポイントは、すべての外国通貨が商品として扱われるのではなく、「日本国内で為替交換が難しい外国通貨」について商品の販売として扱う点です。

10 CO₂排出権の電話勧誘販売は 規制対象になりますか

Point

① 取引の実態が、投資スキームとしての契約であれば役務取引として規制対象となる

CO₂排出権などの「○○の権利」の販売契約という外形の取引であっても、投資スキームとしての契約の実態がある場合には、役務取引として特定商取引法の訪問販売・通信販売・電話勧誘販売の規制対象取引となります。

解 説　**Explanation**

1．問題の所在

　高齢者などを狙ってCO₂排出権を購入すれば、将来確実に値上がりするので儲かる、老後の資産運用になるなどと電話で勧誘して契約させる被害が多発していました。

　被害実体を見ると、事業者から消費者に対して電話で勧誘してパンフレットなどを送付して郵送での契約書の送付を求めるといった手口で、販売方法は典型的な電話勧誘販売に該当するものでした。しかし、CO₂排出権は政令指定権利として指定されていないことから、特定商取引法の電話勧誘販売には当たらないとして行政規制の対象とはならず、またクーリング・オフの適用もないとされていました。

　ただし、事業者との契約が権利の売買契約ではなく、取引所や他業者との売買契約の仲介契約である場合には、仲介サービス契約という役務契約に該当することから、特定商取引法違反として行政処分した事例がありました。

しかし、事業者との契約関係が売買契約になると、電話勧誘販売でも特定商取引法の規制が及ばないため、消費者にとっては不意打ち的な取引であり事業者の販売方法の問題点も同様であるのに、規制対象にならず、被害防止のための行政処分も迅速な救済手続きであるクーリング・オフの適用もないという不均衡が起こっていました。

2. 改正法では

改正法では、CO_2排出権などの権利の販売契約の形態を取っている場合には、特定商取引法の適用があるのでしょうか。

改正法でも、CO_2排出権などの権利は指定権利として政令で指定されませんでした。そこで、訪問販売や電話勧誘販売による場合には、特定商取引法の適用があるかどうかという疑問が出てくることになります。

そこで、改正法では、解釈通達において、権利の販売の外形を取っていても、取引の実態が投資スキームであれば特定商取引法の規制対象となることを明確にしています。

権利の販売の契約の形式であっても、取引の実態が「消費者が権利の売買代金として支払った資金を事業者が運用して利益金を消費者に支払うことを目的としている」場合には、事業者による「便益の提供」つまり、役務取引に当たります。したがって、「有償の役務の提供」であり、適用対象となるということになるわけです。

仲介サービスだけでなく、売買契約の形式を取っている場合でも、投資スキームとしての契約であれば、同様の規制対象となることになり、規制の不均衡はなくなりました。

Q11 お墓の利用権の電話勧誘販売や訪問販売は規制対象となりますか

Point　① 取引の実態が、投資スキームとしての契約であれば役務取引として規制対象となる

お墓の利用権や有料老人ホームの利用権の売買契約では、契約の実態が消費者の資産形成取引（投資スキーム）である場合には、投資スキームとしての役務取引に当たることになり、訪問販売・電話勧誘販売等の規制対象となります。

解説　Explanation

1. 問題の所在

　訪問販売や電話勧誘販売による高齢者の被害では、お墓の利用権や有料老人ホームの利用権の売買契約に関するものが出現していました。

　しかし、改正前の特定商取引法では、訪問販売・電話勧誘販売については、政令で指定された権利の販売であることが規制対象取引の要件とされており、ゴルフクラブ会員権などのスポーツ施設の利用権やリゾートクラブやレジャークラブの会員権などのリゾート施設を利用する権利の売買であれば、規制対象でしたが、お墓の利用権や有料老人ホームの利用権などは規制対象とされていませんでした。

　そのため、訪問勧誘や電話勧誘による虚偽説明や消費者の迷惑を無視した強引で威迫的かつ執拗な勧誘が繰り返されても行政処分などはできずに放置されたままでした。契約書面の交付義務がないため、契約内容が不明確な場合もありました。被害を受けてもクーリング・オフ制度がないため、簡便で迅速な救済方法がありませんでした。

2．改正法では

　改正法では、投資スキームとしての契約であれば、消費者の資産を運用して利益金を支払う仕組みであるという部分が「便益の提供」に当たることから、役務に当たることを通達で明確化しました。つまり、お墓の利用権の販売契約との形式であったとしても、勧誘から取引までの一連の経過から見て、消費者の資産運用取引としての実態がある場合には、役務取引であることを明確化したわけです。

　訪問販売や電話勧誘販売による有償の役務提供契約であれば、訪問販売・電話勧誘販売の規制対象となります。

3．残された課題

　改正法による対応は、訪問販売や電話勧誘販売により高齢者等に発生している「お墓の利用権」や「有料老人ホームの利用権」の販売契約被害の実態が、老後のための資産運用として勧誘され、契約がされているという実態を踏まえて、これらについて特定商取引法の規制対象とするための対策を講じたものです。

　そのため、被害実態が「資産運用のための取引」であることに着目して、投資スキームは役務との解釈を明確化しました。この点では、上記の権利以外の「権利」などと称するもので実態が不明確であったとしても投資スキームとして訪問販売・電話勧誘販売の規制対象となることを明確化した点で、大きな意義があります。

　一方で、今回の改正では、「お墓の利用権」や「有料老人ホームの利用権」は、特定権利としては定められませんでした。その結果、投資スキームではなく、消費者が自分で利用する目的でこれらの権利の販売契約を締結した場合には、訪問販売・電話勧誘販売の規制対象とはなりません。

　レジャークラブの会員権やゴルフクラブの会員権の販売契約であれば、投資スキームではなくても訪問販売・電話勧誘販売の規制が及ぶことと比べると、不整合であると言わざるを得ません。この点については、今後の検討課題として残されたということになります。

12 各種事業投資を電話勧誘で契約
した場合には電話勧誘販売の規
制対象となりますか

Point ① 事業投資の契約では、取引の実態が投資スキームとしての
契約であれば役務取引として規制対象となる

事業者から電話で事業投資の勧誘をされて通信手段で契約し
た場合には、役務取引として電話勧誘販売の規制対象となり
ます。

解説　Explanation

1. 問題の所在

　海外でのエビの養殖事業に対する投資、自然エネルギーや福祉関係の事
業への投資など、様々な事業投資についての勧誘が高齢者などを狙って電
話勧誘や訪問勧誘で行なわれ被害が発生していました。事業投資の契約内
容は匿名組合・民法上の組合・ファンドなど様々なものがあります。これ
らはいずれも集団投資スキームに当たります。

　改正前の特定商取引法では、集団投資スキームは、商品にも役務にも該
当せず、権利としても政令で指定されていないとして訪問販売や電話勧誘
販売の手法が用いられていても、規制対象にならないとして解釈運用され
ていました。特定商取引法の規制が及ばないので、高齢者などに対する資
産や経験・投資目的などを無視した不適切な勧誘や契約の締結・勧誘時の
不実告知や不告知・強引で執拗な勧誘などの問題が多発していても、被害
防止のための行政処分の対象にはならず、クーリング・オフ制度の適用も
ありませんでした。

2．改正法では

　改正法では、投資スキームは便益の提供に当たるので役務取引に当たることが通達により明確化されました。集団投資スキームについては役務取引として訪問販売・電話勧誘販売の規制が及ぶということです。

　ただし、法26条1項8号の適用除外に該当する場合には規制対象にはなりません。金融商品取引法による登録業者である証券会社との取引などについては特定商取引法の適用はありません。

**13 山林や原野の訪問販売は規制
対象となりますか**

Point ① **不動産も商品に含まれる**

 訪問販売・通信販売・電話勧誘販売の規制対象には不動産の
売買契約も含まれます。ただし、宅地建物取引業法の規制を
受ける取引については、特定商取引法の適用はありません。

解 説 Explanation

1. 問題の所在

　2008年の特定商取引法の大改正で、政令指定商品制度が廃止され、原則
として「すべての商品」にかかる訪問販売・通信販売・電話勧誘販売が規
制対象となりました。ただし、法26条1項で適用除外と定められている商
品・役務等の取引については、訪問販売・通信販売・電話勧誘販売の規制
対象から全面的に除外されることになりました。

　そこで、大きな問題となったのが原野商法です。原野商法とは、不動産
についての知識や経験がない消費者の無知などに付け込んで、山林や原野
などの資産価値がほとんど無価値の土地を「資産形成になる」などと述べ
て購入させる悪質商法です。2008年改正前の特定商取引法は、訪問販売・
通信販売・電話勧誘販売の規制対象について政令指定商品制度を取り、不
動産は政令で指定されていなかったため、訪問販売等の規制は及びません
でした。

　2008年に原則すべての商品が対象になったことから、山林や原野の販売
契約にも規制が及ぶことになったでしょうか。

　法26条1項8号では、宅地建物取引業法の許可業者が行う宅地建物取引

については、特定商取引法の適用除外であると定めています。宅地建物取引業法の規制対象取引は、同法の規制により、特定商取引法の規制対象からは除外して、二重規制とならないようにしているわけです。

　もし、「商品」には不動産も含まれるのであれば、山林や原野についての販売契約であれば、訪問販売・通信販売・電話勧誘販売の規制対象となることになります。ただ、この点の行政解釈は明確にはされていませんでした。

2．改正法の解釈

　この点について、2016年改正法の通達で「商品」には動産だけでなく不動産も含むことを明確化しました。

14 「役務」とはどういうものを
指しますか

Point　① 役務とは「事業者による労務や便益の提供」を意味することが明確化された。

 役務の定義については、改正前から「事業者による役務や便益の提供」のことであるとして解釈運用されていましたが、この考え方は文章などでは明確にされていませんでした。改正法では、通達でこの点が明確化されました。

解 説　Explanation

1．問題の所在

特定商取引法では「役務」についての定義規定が定められていません。そのため、「役務」にはどのようなものが含まれるかがはっきりしないのではないかという疑問がありました。

2．役務の意味

改正法に関する通達では、役務とは「労務又は便益の提供」を意味することを明確化しました。

したがって、事業者との契約で、消費者が事業者に対して対価を支払い、事業者からなんらかの労務の提起や便益の提供を受ける取引は、原則として、特定商取引法の訪問販売・通信販売・電話勧誘販売の規制を受けることになります。

3．投資スキームの場合

　投資スキームの場合には、消費者の資産を運用して利益を支払うという便益の提供に当たるということから、役務取引に当たることを通達で明確化しています。

　したがって、投資スキームとしての契約内容である場合はもちろん、権利の販売契約の形態をとっていたとしても、取引の実態が投資スキームに当たる場合には、特定権利の販売に当たらない場合であっても役務取引として、訪問販売や電話勧誘販売の対象になります。

4．適用除外に注意

　ただし、労務の提供や便益の提供を受ける契約の中には、別の業法で規制されている取引が少なくありません。そのような場合には、特定商取引法26条1項8号で特定商取引法の訪問販売・通信販売・電話勧誘販売の規制については全面的に適用除外とされているので注意が必要です。

　たとえば、下記の取引については別の業法による規制業者に当たるかどうかを確認する必要があります。

　・金融取引
　・旅行取引
　・暗合資産（仮想通貨）の取引
　・電子マネーの取引
　・保険など
　・貸金契約など。

15 SNSで契約の勧誘目的を隠して呼び出され、契約させられた場合には、訪問販売の規制が及びますか ——特定顧客取引の見直し

 特定商取引法では、契約の締結について勧誘する目的であることを告げずに呼び出したり、特別な有利な条件で契約できると告げて呼び出した顧客を特定顧客として政令で指定しています。そして、特定顧客とした取引については訪問販売として規制されます。この呼出し方法として電話などの方法が定められていますが、その呼出し手段である電磁的方法に SNS が追加されました。

解説　Explanation

1．問題の所在

特定顧客取引については、特定商取引法2条1項2号では、下記のように定めています。

> 法2条1項2号・抜粋
> …販売業者又は役務提供事業者が、営業所等において、営業所等以外の場所において呼び止めて営業所等に同行させた者その他政令で定める方法により誘引した者

そして、政令1条では、誘引方法のなかで、目的を告げないで呼び出す場合については、一号で下記の通り定めています。

政令1条1号・抜粋（下線、著者強調。以下、同じ）
「電話、郵便、民間事業者による信書の送達に関する法律第2条第6項に規定する一般信書便事業者若しくは同条第）項 に規定する特定信書便事業者による同条第2項 に規定する信書便（以下「信書便」という。）、電報、ファクシミリ装置を用いて送信する方法若しくは法第12条の3第1項 に規定する電磁的方法（以下「電磁的方法」という。）により、若しくはビラ若しくはパンフレットを配布し若しくは拡声器で住居の外から呼び掛けることにより、又は住居を訪問して、当該売買契約又は役務提供契約の締結について勧誘をするためのものであることを告げずに営業所その他特定の場所への来訪を要請すること」

　政令の定めからわかるように、特定顧客の誘引方法の定めでは、呼びだす方法を具体的に明示しています。そこで、呼びだす方法である「電磁的方法」の意味が問題となります。電子メール・ショートメッセージサービス（SMS）・SNS などの方法があるわけですが、電磁的方法にはこれらのすべてがふくまれるかどうかという問題です。

　スマートホンの急激な普及により、若者の通信手段は今や SNS が中心になっています。電話での通話や電子メール・ショートメールなどはほとんど利用されないような事態となっています。そのため、若者を呼び出す際にも SNS（ソーシャル・ネットワーキング・サービス）が利用されています。

　そこで、SNS で勧誘目的を隠して呼び出す場合にも特定顧客に当たると言えるかという点が問題となるわけです。

2．改正前の法律による定め

　政令で定めている呼出し方法の電磁的方法については、

政令1条1号・抜粋
…法第12条の3第1項 に規定する電磁的方法（以下「電磁的方法」という。）

と定められています。

　法律12条の3、1項の規定は、通信販売について電子メール広告に関す

るオプトイン規制についての規定です。同条では、電磁的方法について、

> 法律12条の3、1項・抜粋
> …電磁的方法（電子情報処理組織を使用する方法その他の情報通信の技術を利用する方法であつて主務省令で定めるものをいう。）

と定め、具体的な定義を主務省令にゆだねています。

　改正法前の主務省令では、これを受けて次のように定めていました。

> 主務省令12条の2・抜粋
> …情報通信の技術を利用する方法であつて…省令で定めるものは、電子情報処理組織を使用して電磁的記録を相手方の使用に係る電子計算機に送信して提供する方法（他人に委託して行う場合を含む。）とする

　この規定で対象とされているものは、電子メールとSMSということです。SNSによる通信は、電磁的記録を相手方の使用に係る電子計算機に送信して提供する方法ではないため、改正前の法律によるとSNSで呼び出した場合には、電磁的方法には該当しないということになります。

　電子メールなどによる呼びだしと同様に、消費者にとっての不意打ち性は高くても、呼びだし方法についての制限から、特定顧客には該当せず、訪問販売としては規制されないことになります。

　このような事態となっているのは、SNSの仕組みが、特定顧客取引の定義が定められた後に開発され、一気に普及したという事態があるためです。

3．改正法では…

　改正法では、特定顧客取引の政令の定義規定はそのまま維持し、電磁的方法について定めた主務省令を（改正規則12条の2）改正して、従来から規制対象とされていた電子メール・SMSに加えて、下記の規定を設けました。

改正主務省令12条の2・抜粋
　…その受信する者を特定して情報を伝達するために用いられる電気通信
（電気通信事業法2条1号に規定する電気通信事業をいう。）を送信する方
法（他人に委託して行う場合を含む）

　この規定は、具体的にはSNSを指します。特定の個人のみを対象とす
るSNSだけでなく、複数のメンバーが参加している場合であっても、メ
ンバー内での情報交換や情報の共有を目的としている場合には、適用対象
となります。メンバーの人数の多寡による区別はありません。
　ただし、不特定多数を対象とするウエブページなどは含まれません。

16 目的を隠して呼出した消費者に、その時には契約の勧誘をしないで、目的を隠したまま何回も来訪の約束をさせ、何回目かに来訪した時に契約の勧誘をして契約させた場合は、訪問販売に当たりますか

Point
① 通達で、特定顧客に該当する場合を明記した
② 契約の勧誘目的であることを隠したまま、何回も来訪を約束させ、何回目かに勧誘して契約させた場合は特定顧客に当たる

 目的を隠して呼び出した顧客に対して、最初に呼び出した際には契約の締結について勧誘する目的であることを告げないままに、次の来所の約束をさせることを繰り返し、数回目に契約の締結について勧誘して契約させた場合にも、訪問販売の規制が及ぶことを通達で明確化しました。

解説 **Explanation**

1. 問題の所在

　特定商取引法では、事業者の営業所等に消費者が自分から出向いて契約した場合であっても、この消費者が政令で定めた特定顧客に該当する場合には訪問販売として規制しています。そして、政令では、契約の締結について勧誘をすることが目的であるにもかかわらず、この目的を告げずに、消費者を電話などで呼び出した場合には、この消費者は特定顧客であると定義しています。この特定顧客取引を訪問販売として規制しているのは、消費者にとって不意打ち的な取引だからです。

この規定によれば、呼び出されて出向いたときに、契約の締結について勧誘された契約を締結した場合には、特定顧客取引として訪問販売の規制が及ぶことになります。

　問題は、呼び出したその日には契約の締結について勧誘をすることなく、次の来訪の約束をさせ、これを繰り返して数回目に、目的の契約について勧誘をして契約させた場合には、特定顧客取引に該当するか、つまり訪問販売として規制されるかどうかという問題です。

　というのは、近年では、アイドルやモデルにならないかと呼び出して事務所に来訪させるものの、呼び出した当日には契約をさせない手法が多くなっているためです。呼び出した当日には、（本来の or 本当の）販売目的である高額な化粧品・健康食品・エステティックサービス・モデル養成講座などの契約の勧誘はしません。これらの契約の締結の勧誘の為であることは隠したまま、モデルなどのマネジメントの詳しい内容については改めて説明したいなどと述べて次の来所の約束をさせます。次に来た時もこの事務所から著名なモデルが輩出していることなどを説明して夢を持たせるなどして次の来所の約束をさせ数回にわたり同様の約束を繰り返します。このように、契約の勧誘目的であることを隠したまま数回にわたり約束させて来所させた後に、数回目に勧誘して契約させるケースが増加しているのです。

　消費者が契約した日に事業者の事務所に来た理由は、前回事務所で次の来所の約束をしたためです。ところが、特定商取引法では、事業者の事務所で、（本来の or 本当の）目的を隠したまま、次の来所を約束させ、その約束に基づいて来所した場合については、その消費者が特定顧客であるとは定めていません。消費者にとっては不意打ちになりますが、政令で特定顧客と定められていないことから解釈論上の疑義が指摘されていました。ただ、最初に目的を隠して呼び出した状態が継続しているわけですから、目的を隠して呼び出された状態が継続しており、特定顧客性も継続していると解釈できるとする指摘がされていました。

　このようなケースでは、特定商取引法に定める訪問販売の規制、たとえば勧誘時の不実告知・不告知や適合性原則違反、契約書面の交付義務、ク

ーリング・オフの義務などを守らない事業者が少なくなく、問題となっており、行政解釈を明確化すべきだとの指摘がされていました。消費者にとっては呼び出された当日に契約させられた場合以上に不意打ち性が強く、訪問販売として規制すべきだと考えられます。規制対象であることが明確化されれば、特定商取引法違反を繰り返す事業者に対しては行政処分ができ、被害の拡大防止が図れますし、クーリング・オフによる契約解除により被害救済も容易になります。

2．改正法では

改正法では、条文はそのまま維持されましたが、通達により、上記のようなケースについては特定顧客取引として規制されることを明確化しました。

ポイントは、契約の締結について勧誘をすることを告げないで（つまり、目的を隠して別の目的であることを告げて呼び出す、ということになります。）呼び出した消費者に対して、商品や役務（たとえば化粧品・エステ・モデル養成講座など）を購入させることが目的であることを告げないで、消費者が別の目的であると勘違いしたままの状態で、呼び出した事務所などで、次の来所を約束させると言ったことを繰り返した場合であることです。

Q 17 取消期間が延長されたということですが

Point ① 追認できる時から1年間に延長された

 特定商取引法に定める取消事由がある場合の取消期間については、改正前は「追認できる時から6月」と定められていましたが、改正法で「追認できる時から1年」に延長されました。

解説 Explanation

1. 問題の所在

2016年消費者契約法改正により、消費者契約法による取消権の理行使期間が追認できる時から6か月から1年に改正されました。これは、追認できる時から6か月ではあまりに短すぎて消費者が取消権を行使できない場合が少なくないためでした。

特定商取引法でも、訪問販売・電話勧誘販売・連鎖販売取引・特定継続的役務提供・業務提供誘引販売取引の5種類の取引（通信販売・訪問購入の二種類には、取消制度は定められていない）には、重要事項の不告知と不実告知により消費者が誤認した場合の取消制度が定められています。特定商取引法による取消制度の取消期間は、消費者契約法の取消期間と同様、「追認できる時から6月」「契約締結から5年」と定められていました。特定商取引法の取消期間についても、消費者契約法による取消期間と同様「追認できる時から6月」では短すぎて消費者は取消権の行使ができないまま権利の行使期間が経過してしまうことが少なくないことが指摘されていました。

2．改正の概要

　改正消費者契約法の取消期間の延長に伴い、同様に、「追認できる時から6月」を「追認できる時から1年」に延長されました。なお、取消期間の「契約締結から5年間」の部分は、消費者契約法も特定商取引法も改正されず、そのまま維持されました。したがって、契約締結から5年が経過すると、取消事由があっても取消はできなくなります。

Q18 訪問販売の禁止行為が強化されたということですが、どのようなことが禁止されましたか

Point
① 支払能力の不十分な消費者に契約を履行させるために借金をさせる行為などを禁止した
② 消費者の借入支払能力について契約の際に虚偽の申告をさせたり、貸金業者や銀行に連れて行ったり、借金や預貯金の引き出しをするよう消費者の迷惑を及ぼすような方法で勧誘すること

訪問販売などについて、契約の履行を強制するために、契約の際に、支払能力に関して虚偽の申告をさせる行為、貸金業者や銀行等に消費者の意に反して連行する行為、個別クレジット契約・貸金契約・銀行の預貯金の引き出しなどを消費者の迷惑になるような仕方で勧誘する行為が禁止され、行政処分の対象となりました。

解説　Explanation

1．問題の所在

　高齢者の訪問販売などの被害では、販売業者が契約した時に契約を履行させるために強引に銀行に連れて行って預貯金をおろして支払うよう強要するケースが発生していました。

　若者の被害例では、事業者が学生ローンなどに消費者を連れて行き、借入の際には職業・年収・借入目的などについて虚偽の申告をするよう指示するというケースが少なくありませんでした。

　また、消費者が「お金がないので契約しない」と契約締結を拒絶している場合などに、強引に「個別クレジットを組めば分割で購入できる」とか、

消費者金融から借金すれば契約でき返済も簡単だとか、預貯金をおろせば支払えるから断る理由にならないなどと、借金や預貯金の引き出しを執拗に要求するケースも少なくありませんでした。

　そこで、改正法では、主務省令で下記のように禁止行為として定めました。

２．改正法で追加された禁止行為

　法７条では、次のように禁止行為を追加しました。

法第７条・抜粋

主務大臣は、…事業者が第３条、第３条の２第２項若しくは第４条から第６条までの規定に違反し、又は次に掲げる行為をした場合において、訪問販売に係る取引の公正及び購入者又は役務の提供を受ける者の利益が害されるおそれがあると認めるときは、その販売業者又は役務提供事業者に対し、当該違反又は当該行為の是正のための措置、購入者又は役務の提供を受ける者の利益の保護を図るための措置その他の必要な措置をとるべきことを指示することができる。」と定め、５号で「前各号に掲げるもののほか、訪問販売に第七条法第７条第１項第５号の主務省令で定関する行為であつて、訪問販売に係る取引める行為は、次の各号に掲げるものとする。

これを受けて主務省令では次のように定めています。

主務省令７条

　法第７条第１項第５号の主務省令で定関する行為であつて、訪問販売に係る取引める行為は、次の各号に掲げるものとする。

　１号から５号は略

６号　訪問販売に係る売買契約又は役務提供契約の相手方に当該契約に基づく債務を履行させるため、次に掲げる行為を行うこと。

イ　当該訪問販売に係る売買契約又は役務提供契約の相手方の年収、預貯金又は借入れの状況その他の支払能力に関する事項について虚偽の申告をさせること。

ロ　当該訪問販売に係る売買契約又は役務提供契約の相手方の意に反して貸金業者の営業所、銀行の支店その他これらに類する場所に連行するこ

と。

　ハ　当該訪問販売に係る売買契約又は役務提供契約の相手方に割賦販売法
　　第35条の3の3第1項に規定する個別信用購入あつせん関係受領契約若
　　しくは金銭の借入れに係る契約を締結させ、又は預貯金を引き出させる
　　ため、迷惑を覚えさせるような仕方でこれを勧誘すること。

　電話勧誘販売、連鎖販売、特定継続的役務提供、業務提供誘引販売につ
いても、同様に改正されました。

3．法的効果

　事業者に上記の違反行為があり、取引の公正及び消費者の利益が害され
るおそれである場合には、必要な指示処分をすることができます。
　ただし、上記の違反を理由に契約を取り消すことができるような民事ル
ールは導入されていません。行政規制と契約の効果について定めた民事ル
ールは連動していないので、注意が必要です。

Q 19 電話勧誘販売にも過量販売解除制度が導入されたということですが、どのような制度ですか

Point

① 電話勧誘販売で、同種の商品を、その消費者の日常生活において必要な量を著しく超える量の契約をさせる行為（過量販売）が禁止された。

② 過量販売に該当する契約は、契約締結から一年間は解除できる制度が導入された

消費者に対して、電話勧誘販売による同種の商品・役務・政令指定権利について、その消費者の日常生活において通常必要とされる分量を著しく超える契約を締結させる行為（過量販売）を、不当な行為として禁止し行政処分の対象としました。さらに、過量販売に顔該当する契約は、契約締結から１年間、消費者は解除することができることになりました。

解 説　Explanation

1．問題の所在

2008年特定商取引法改正により訪問販売について、消費者の日常生活において通常必要とされる分量を著しく超える分量の契約を締結する行為を「過量販売」として禁止し、違反に対しては行政処分の対象とする制度を導入しました。

あわせて、過量販売に該当する契約が締結された場合には、消費者は、その過量販売に該当する契約を締結した日から一年間は契約を解除することができる民事ルール（過量販売解除権制度）を導入しました。過量販売解除をした場合には、クーリング・オフの場合の清算ルールが準用されます。

2008年に過量販売規制が導入されたのは、高齢者を狙った訪問販売で、次々販売による被害が多発し、社会問題となったためでした。次々販売とは、同じ消費者に対して、繰り返し次々と同種の商品やサービスの契約を締結させ、結果的にその消費者の生活にとっては明らかに不必要な量の契約をさせ、その結果、消費者の財産を収奪して生活を破壊するものを指します。次々販売の典型例として最初に社会問題となったのは、悪質住宅リフォーム事件でした。この資源をきっかけに国が調査を行ったところ、住宅リフォームだけでなく様々な商品やサービスに関して、判断能力や交渉力が低下した高齢者が次々販売の犠牲になっていることが判明したことから過量販売の規制が導入されました。

　ところが、電話勧誘販売でも、過量販売の被害が起こっており、2008年以後も被害は増え続けていることが問題視されました。電話勧誘販売による過量販売被害は、健康食品で最も多くの被害が発生していますが、それ以外の様々な商品やサービスでも起こっています。

２．改正点

　2008年改正で訪問販売に導入された過量販売規制と同様の規制を電話勧誘にも導入しました。

　第１に、過量販売を不当な行為として禁止し、行政処分の対象としました。

　第２に、過量販売契約について消費者に解除権を付与しました。解除権の行使は、過量販売契約の締結の時から１年以内に行使しなければならなりません。過量販売解除権を行使した場合には、クーリング・オフの場合の清算ルールが準用されます。（法24条の２・24条の３項～８項）。

Q 20 どういう契約が過量販売に当たりますか

Point

① 一度の契約で同種の商品を過量に契約させた場合。

② 一回の契約の分量は過量ではないが、同種の商品を繰り返し契約させ、合計すると著しく過量になる場合。この場合には、消費者の保有する量や過去の契約を事業者が知っていたことが必要

電話で勧誘して、通信手段で、同種の商品・役務・指定権利（以下商品等）を契約当事者である消費者の日常生活において必要とする分量を著しく超える分量の契約を申込みまたは締結させた場合には、消費者はその契約を解除できます。

一度の契約で過量である場合にはその契約を解除できます。同種の商品等を次々に繰り返し販売した結果、全体として過量になった場合にも、過量になった段階の契約以降の契約を解除できます。

解除できる期間は、解除する契約を締結した日から1年間です。

解除した場合の清算ルールはクーリング・オフの清算ルールが準用されます。

解説 Explanation

1．問題の所在

高齢者が次々と契約をさせられる事例には様々なものがあります。一度の契約で到底賞味期限内には飲みきれない大量な健康食品を買わされるケースがあります。次々と勧誘された結果、一回当たりの契約内容はそれほど大量ではないものの、契約全体を合計すると消費者には到底不必要な非

常識な分量になってしまうケースもあります。また、同一業者から、多様な商品等を次々と買わされて経済的に破たんするケースもあります。過量販売に該当するのは、どのような場合でしょうか。

　また、次々販売の結果過量販売になった場合に、過量販売として解除することができる契約はどの範囲でしょうか。消費者の中には一回目の契約も含めてすべての契約の解消を望む人もいますが、過量販売解除によりこのような希望にも対応できるかという問題です。

２．過量販売の定義

　過量販売とは、同種の商品等を、契約当事者である消費者にとって、その日常生活において通常必要とされる分量を著しく超える商品・役務・政令指定権利を購入させる契約を指します（法22条4号）。ただし、たとえば、大勢の人に香典返しとして使用する必要があるというように、同種の商品を大量に必要とするような客観的な正当な理由がある場合には、過量販売には該当しません。

　過量販売には、一度の契約で過量販売に該当する場合と、次々と同種の商品を販売した結果、消費者のもともと所有していた分量やそれまでの契約で購入させられた分量などを合計すると過量に該当する結果になる場合とがあります。後者の事例がいわゆる「次々販売」に該当します。

　次々販売の場合には、客観的に総合計が過量であるというだけでは足りず、事業者が「この契約により過量になる」ことを知っていたか、あるいは「既に過量になっていることを知りながら契約させた」ことが必要とされています。ここでいう「知りながら」とは、法的評価として「過量販売に該当する」との認識があったということや、過量販売が特定商取引法で禁止されている行為であることを知りながら行ったということを意味するものではありません。その消費者の保有量や過去の契約の事実を知っていることを意味します。

　特定権利のうち、2条5項2号・3号の権利については過量販売解除の対象にはなりません。

3．解除できる契約の範囲 （24条の2）

　1回の契約が過量販売に該当する場合には、その契約を締結した日から1年間は、契約を解除できます。

　次々販売の場合には、「この契約を締結し履行すれば過量になる」その契約を解除できます。さらに、その後にも同種の商品の販売契約等をしている場合には、その後の契約を解除することができます。次々販売による過量販売被害では、すべての契約を解除することができるわけではありません。過量販売になる段階の契約より前に締結した契約は、過量販売契約解除の対象にはなりません。

　解除できる期間は、解除の対象となる契約を締結した日から1年間です。最初の契約締結日から起算されるわけではありません。

Q21 通信販売の広告をファクシミリで送る場合の規制が導入されたということですが、どのような規制内容ですか

Point
① 消費者の事前の同意がないのにファクシミリで広告を送信する行為は禁止された
② ファクシミリで広告を送信する場合には、原則として、消費者の同意を得ること必要
③ 違反に対しては、行政処分の対象となる

通信販売の広告をファクシミリで送信する場合には、原則として消費者からの依頼や承諾がある必要があります。消費者からの事前の依頼や承諾がないのにファクシミリ広告を送信する行為は禁止されました。違反した場合には、行政処分の対象になります。（オプトイン規制）

このオプトイン規制は、電子メール広告の規制と同趣旨の制度です。

解説　**Explanation**

1．問題の所在

　2008年改正後に、主として高齢の消費者に対して、果物や鮮魚などのファクシミリ広告が一方的に送信されてくるという苦情が多発するようになりました。

　ファクシミリ広告の場合には、望んでもいない消費者に受信料という通信費用の負担や紙代の負担、送り付けられた紙をゴミとして処分しなければならないなどの負担感が強く、迷惑に感じるため苦情として表面化したものと推測されます。

2．改正法では…

　上記のような苦情が多発したことからファクシミリ広告について電子メール広告と同様のオプトイン規制を導入しました。規制の考え方は、電子メールのオプトイン規制と同じです。具体的な規定は下記のとおりです。

法12条の5・抜粋

（承諾をしていない者に対するファクシミリ広告の提供の禁止等）

第12条の5　販売業者又は役務提供事業者は、次に掲げる場合を除き、通信販売をする場合の商品若しくは特定権利の販売条件又は役務の提供条件について、その相手方となる者の承諾を得ないでファクシミリ広告（当該広告に係る通信文その他の情報をファクシミリ装置を用いて送信する方法により行う広告をいう。第一号において同じ。）をしてはならない。

　一　相手方となる者の請求に基づき、通信販売をする場合の商品若しくは特定権利の販売条件又は役務の提供条件に係るファクシミリ広告（以下この条において「通信販売ファクシミリ広告」という。）をするとき。

　二　当該販売業者の販売する商品若しくは特定権利若しくは当該役務提供事業者の提供する役務につき売買契約若しくは役務提供契約の申込みをした者又はこれらにつき売買契約若しくは役務提供契約を締結した者に対し、主務省令で定める方法により当該申込み若しくは当該契約の内容又は当該契約の履行に関する事項を通知する場合において、主務省令で定めるところにより通信販売ファクシミリ広告をするとき。

　三　前二号に掲げるもののほか、通常通信販売ファクシミリ広告の提供を受ける者の利益を損なうおそれがないと認められる場合として主務省令で定める場合において、通信販売ファクシミリ広告をするとき。

　2　前項に規定する承諾を得、又は同項第1号に規定する請求を受けた販売業者又は役務提供事業者は、当該通信販売ファクシミリ広告の相手方から通信販売ファクシミリ広告の提供を受けない旨の意思の表示を受けたときは、当該相手方に対し、通信販売ファクシミリ広告をしてはならない。ただし、当該意思の表示を受けた後に再び通信販売ファクシミリ広告をすることにつき当該相手方から請求を受け、又は当該相手方の承諾を得た場合には、この限りでない。

　3　販売業者又は役務提供事業者は、通信販売ファクシミリ広告をすると

きは、第1項第2号又は第3号に掲げる場合を除き、当該通信販売ファクシミリ広告をすることにつきその相手方の承諾を得、又はその相手方から請求を受けたことの記録として主務省令で定めるものを作成し、主務省令で定めるところによりこれを保存しなければならない。

4　販売業者又は役務提供事業者は、通信販売ファクシミリ広告をするときは、第1項第2号又は第3号に掲げる場合を除き、当該通信販売ファクシミリ広告に、第11条各号に掲げる事項のほか、主務省令で定めるところにより、その相手方が通信販売ファクシミリ広告の提供を受けない旨の意思の表示をするために必要な事項として主務省令で定めるものを表示しなければならない。

3．法的効果

　ファクシミリ広告の規制に違反した場合には、行政処分の対象となります。

　民事ルールの定めはありません。同意なく送りつけられたファクシミリ広告により注文をした場合であっても、それを理由に契約を解除したり取消したりできるわけではないので、注意が必要です。

Q22 通信販売の「定期購入」の場合の広告表示事項の追加

Point
① いわゆる通信販売の定期購入については、広告に、定期購入の内容について明示することが義務付けられた
② 違反に対しては、行政処分の対象となる

A 通信販売で、一定期間や回数の契約が条件となっている場合には、その条件を広告に表示することが義務付けられました。違反した場合には行政処分の対象になります。

解 説 **Explanation**

1．問題の所在

　通信販売で、通常価格よりもきわめて安価な「お試し価格」で購入できるという広告を見て注文したところ、最初の商品はお試し価格で購入できるものの、契約後になってその条件として数か月間の定期購入契約となっていることがわかったトラブルが、2016（平成28）年頃から爆発的に増加しました。

　消費者からの苦情の内容は「１個だけお試し価格で購入したつもりだった。」「２回目からの商品は購入するつもりはないので、キャンセルしたいが、販売業者から返品制度は認めていない。といわれた」「解約に応じないわけではないが、解約するためには、最初の商品を正価格で買い、高額な違約金を支払うことが条件だと言われた。お試し価格しか支払うつもりはない。なんとかならないか。」などというものでした。

　スマホで見たネット通販の広告では、「お試し価格　500円」といった表示が、大きな文字と目立つ色で表示されています。それを見た消費者は、

正価格だと数千円もする高価な健康食品やサプリメントがごく安価で試せると思って注文するわけです。ところが、翌月にも商品と正価格の請求書が送られてきます。何かの間違いだと思って事業者に問い合わせると、定期購入契約になっていることを知らされて、はじめて被害に気付くというものが典型的でした。

　広告表示のすべてをよく見ていくと、ごく小さな目立たない文字と色で「○か月間の定期購入が条件です。2回目からは正価格となります。」といった趣旨の表示があるケースが少なくありませんでした。

　広告表示を、ちいさな目立たない表示まですべて丹念に見ていけば、定期購入が条件になっていること、返品はできないことなどが表示してあります。定期購入契約の条件と価格を見て、自分で計算すれば、購入することになる全体の商品の数と価格の合計金額を割り出して把握することはできます。

　しかし、広告表示を普通の注意で見ただけでは、購入する全体の数量と価格を容易に知ることはできない仕組みになっている点が大きな問題で、消費者トラブルが多発する原因となっていました。

　さらに、ネットで申し込みをした後の申込内容を確認するための画面表示にも、申込内容の商品数は1つだけで、価格もお試し価格の500円だけとの表示しか出てこないというものも少なくありませんでした。

2．広告表示についての改正点

　特定商取引法11条では通信販売の広告をする場合には、表示すべき事項を法律で定めています。違反は行政処分の対象となります。

　改正法では通信販売の広告表示事項として、主務省令で下記の通り広告表示事項として定められました。

主務省令　条7号・抜粋

7　商品の売買契約を2回以上継続して締結する必要があるときは、その旨及び金額、契約期間その他の販売条件

　上記の広告表示事項の追加は、これまでに多発した定期購入トラブル被

害を防止するための規制です。

　定期購入の場合には、購入することになる商品の数量、合計価格、契約期間、商品の引き渡し時期や支払時期や方法などの取引条件を、消費者に容易に認識できるように表示することが義務付けられました。

３．法的効果

　広告表示に違反がある場合には、行政処分の対象となります。

　広告表示に違反があり、その結果、違法な広告を見て契約してしまった消費者が救済されるかどうかは別の問題になります。広告表示に違反があれば、契約が無効になったり取消しできるなどの制度が設けられたわけではないので、注意する必要があります。

　民事救済については従来通りの法律、電子消費者契約法と、特定商取引法の返品制度の取扱によることになります。

４．電子消費者契約によるとき

　消費者がネット通販で買い物した場合のように電子消費者契約に該当する場合には、電子消費者契約法（電子消費者契約及び電子承諾通知に関する民法の特例に関する法律）の適用があります。

　同法では、申込内容を容易に確認・訂正できる画面がないために、消費者が「お試し価格で１つだけ購入する契約の申込である」と誤認して契約した場合には、民法上の錯誤に当たり、民法による「但書」の表意者の重過失の規定の適用を排除しています。したがって、申込確認で契約する合計の商品の数量や合計金額の表示がない場合には、事業者は、消費者の重過失を指摘して錯誤の効果を争うことはできず、消費者の錯誤の主張が認められることになります。

23 美容医療が特定商取引法の規制対象になったのですか

Point
① 一定の美容医療が、特定継続的役務提供として指定された
② 特定継続的役務提供に関する行政規制と民事ルールの適用があることになった

契約による役務提供期間が1か月を超え、かつ契約金額合計額が5万円を超える美容医療の契約が、特定継続的役務提供として政令で指定されました。

ただし、政令で指定されているだけではなく、さらに期待できる効果ごとに医療の内容について主務省令で指定するという方法で対象となる美容医療を限定しているので、注意が必要です。

解 説　Explanation

1. 問題の所在

近年では、エステティックサービスだけでなく美容医療に関する消費者トラブルが増加しています。美容医療に関する被害内容は多岐にわたっています。不当な広告やクリニックのホームページの不適切な表示の問題、相談だけのつもりでクリニックに出向いたところ強引に契約させられたり即日手術をされてしまったという被害、医療脱毛などで継続的契約を締結してから中途解約を希望しても拒絶されたり一切返金されなかったり高額な違約金の請求をされたなどというトラブルなど多岐にわたっています。

中でも、いわゆるエステティックサロンでの脱毛契約は特定商取引法で特定継続的役務提供として規制されているので、契約書面の交付義務、クーリング・オフ制度、中途解約権と清算ルールなどの規制があります。中

途解約を認めなかったり返金を拒絶したり高額な違約金を請求するといった契約条項を定めたとしてもすべて無効とされます。消費者は、中途解約する権利があり、清算ルールも法律で規制されたルールによらなければなりません。

　ところが、改正前の特定商取引法では、医療脱毛契約は特定継続的役務提供として指定されていなかったため、特定商取引法の規制は及びませんでした。そこで、中途解約を認めない特約や一切返金しない特約、高額な違約金を定める特約などは、消費者契約法による不当条項に該当するかどうか問題となっていました。そのため、簡単には解決できないことが多く、問題となっていました。

　このような問題状況の中で、継続的な美容医療契約について消費者との間に契約トラブルが多い取引について、特定継続的役務提供として政令で指定することにしたものです。

　美容医療が特定継続的役務提供として規制されることにより下記の規制の対象となります。

（1）　行政規制

- ・契約締結前の取引の概要について説明した書面の交付義務
- ・契約書面の交付義務
- ・誇大広告の禁止
- ・不当な勧誘行為などの禁止
- ・業務や財務帳簿の備付と消費者の閲覧権など

　　５万円を超える前払いをした消費者は財務帳簿などの閲覧や謄本の請求ができる。

（2）　民事ルール

- ・８日間のクーリング・オフ制度
- ・取消制度
- ・中途解約権と清算ルールの規制

　特定商取引法による特定継続的役務提供の規制は、継続的サービス取引についての適正化と消費者の保護が目的とされたものです。そのため、１回で施術が終ってしまう美容医療などには規制は及びません。また、治療

の安全性やインフォームドコンセントなどの医療の質にかかわる規制をするものでもありません。美容医療の消費者被害は多岐にわたっており、特定商取引法の改正だけで美容医療をめぐる多くの問題が解決されるわけではないので、今後も美容医療をめぐる被害防止と質の向上のためには医療法などによる改善などの取組が必要です。

　なお、医療法の改正により医療機関のホームページの表示も広告として規制されることになり、誇大な広告は禁止されることになりました。改正医療法による広告規制は2018年6月から施行されています。

2．規制対象となる特定継続的役務の定義

　まず、特定継続的役務提供については特定商取引法第41条で下記の通り定義しています。

> 法41条・抜粋
> 1項　…略…
> 　一　役務提供事業者が、特定継続的役務をそれぞれの特定継続的役務ごとに政令で定める期間を超える期間にわたり提供することを約し、相手方がこれに応じて政令で定める金額を超える金銭を支払うことを約する契約（以下この章において「特定継続的役務提供契約」という。）を締結して行う特定継続的役務の提供
> 　二　販売業者が、特定継続的役務の提供（前号の政令で定める期間を超える期間にわたり提供するものに限る。）を受ける権利を同号の政令で定める金額を超える金銭を受け取つて販売する契約（以下この章において「特定権利販売契約」という。）を締結して行う特定継続的役務の提供を受ける権利の販売
> 2項　…特定継続的役務とは、国民の日常生活に係る取引において有償で継続的に提供される役務であつて、次の各号のいずれにも該当するものとして、政令で定めるものをいう。
> 　一　役務の提供を受ける者の身体の美化又は知識若しくは技能の向上その他のその者の心身又は身上に関する目的を実現させることをもつて誘引が行われるもの
> 　二　役務の性質上、前号に規定する目的が実現するかどうかが確実でな

二号の役務の性質に関する定めは、請負型の目的を完成させることを契約の目的とするタイプの役務ではなく、準委任の性質をもつ内容の役務を意味するものです。

　つまり、美しくなる（「身体の美化」）、英語や技術などが身についたり上達したりする（「知識若しくは技能の向上」）などの消費者の目的（「心身又は身上に関する目的」）を達成するために提供されるという性質の役務であり、一定期間、継続的に役務提供を受ける必要があるものを意味するということです。

　以上の要件を満たせば販売方法のいかんを問わず適用対象になります。たとえば、広告などを見た消費者が事業者のところに自ら出向いて契約した場合であっても規制対象になります。

３．政令指定された「美容医療」とは

　以上の定義規定に基づいて、いわゆる美容医療について政令では次のように定めています。

政令別表４の２・抜粋（下線は著者による強調）

　二　人の皮膚を清潔にし若しくは美化し、体型を整え、体重を減じ、又は歯牙を漂白するための医学的処置、手術及びその他の治療を行うこと（美容を目的とするものであつて、<u>主務省令で定める方法によるもの</u>に限る。）。

さらに、契約金額が５万円を超えるもので、特定継続的役務提供の期間が１か月を超えるものと指定しました。（政令別表４の２）

　アンダーラインで示したように主務省令で定める方法によるものに限られている点が、エステなどの他の政令で指定されている特定継続的役務とは異なっているので、注意が必要です。

A 美容医療契約による役務提供期間が1か月を超え、かつ契約
金額合計額が5万円を超える美容医療の契約であっても、主
務省令で定めた方法によるものに限られます。従来の特定継
続的役務提供として政令で定められたものにはこのような制限はないので、
注意が必要です。

解 説 **Explanation**

1. 美容医療の政令指定の特徴

特定継続的役務提供として指定されたいわゆる美容医療は、政令別表で
下記のように定めています。

> 政令別表4の2・抜粋
> 「人の皮膚を清潔にし若しくは美化し、体型を整え、体重を減じ、又は歯
> 牙を漂白するための医学的処置、手術及びその他の治療を行うこと（美容
> を目的とするものであつて、主務省令で定める方法によるものに限る。）。」

一方、美容医療に目的がよく似た美容目的である、いわゆるエステにつ
いては「人の皮膚を清潔にし若しくは美化し、体型を整え、又は体重を減
ずるための施術を行うこと（二の項に掲げるものを除く。）。」と定められてい
て、主務省令などによる制限はありません。

2．対象となる美容医療とは

　主務省令では、下記のように目的別に方法について定めています。

主務省令31条の4・抜粋

一　脱毛　　光の照射又は針を通じて電気を流すことによる方法

二　にきび、しみ、そばかす、ほくろ、入れ墨その他の皮膚に付着してい
　　るものの除去又は皮膚の活性化
　　光若しくは超音波の照射、薬剤の使用又は機器を用いた刺激による方法

三　皮膚のしわ又はたるみの症状の軽減
　　薬剤の使用又は糸の挿入による方法

四　脂肪の減少
　　光若しくは音波の照射、薬剤の使用又は機器を用いた刺激による方法

五　歯牙の漂白
　　歯牙の漂白剤の塗布による方法

---

①　脱毛については、「光の照射又は針を通じて電気を流すことによる方法」によるものです。具体的には、レーザー脱毛や光脱毛、ニードル法による毛根に針を刺して電流を流して毛根を焼く針脱毛などを指します。

②　にきび、しみ、そばかす、ほくろ、入れ墨その他皮膚に付着しているものの除去又は皮膚の活性化については、「光若しくは音波の照射、薬剤の使用又は機器を用いた刺激による方法」と定められています。具体的には、レーザー又は超音波などを照射する機器を使用して行うもの、薬剤の使用とはいわゆるケミカルピーリング、機器を使用して行うものとは高周波を照射する機器によるものなどを指します。

③　皮膚のしわ又はたるみの症状の軽減については、「薬剤の使用又は糸の挿入による方法」によるものです。具体的には、薬剤の使用によるものとしてはヒアルロン酸注射によるものなど、糸の挿入による方法とは糸によるリフトアップなどが当たります。

④　脂肪の減少については、「光若しくは音波の照射、薬剤の使用又は機器を用いた刺激による方法」によるものです。具体的には、レーザーや超音波を照射する機器によるもの、薬剤の使用としては脂肪溶解注射によるもの、機器によるものとしては脂肪を冷却する機器によるものなどです。

⑤　歯牙の漂白については、「歯牙の漂白剤の塗布による方法」によるものです。具体的には、ホワイトニングジェルを注入したマウストレーやマウスピースなどを装着させる方法によるものなどが該当します。

25 美容医療の関連商品とはどんな
商品ですか

Point
① 美容医療の関連商品としては、健康食品、化粧品、美容目
的の医薬品や医薬部外品が指定された
② いずれも政令で消耗品とされている

 関連商品として政令で指定されている商品は、いわゆる健康
食品・化粧品・マウスピース・美容目的の医薬品と医薬部外
品（医薬品、医療機器等の品質、有効性及び安全性の確保等に関する
法律２条２項による定義に該当するもの）です。

解説　　Explanation

1．問題の所在

　特定継続的役務提供では、様々な理由で役務契約と共に高額な商品を購
入させられる場合が少なくありません。購入させる場合のセールストーク
には様々なものがありますが、役務の提供に使用するからとか、契約の時
には一緒に購入する必要があるからとか、役務の効果を持続させたり増強
させたりするために使用する必要があるなどというものが典型例です。

　特定商取引法では、このように役務提供と関連付けて抱き合わせで買わ
せたり、役務提供の際に買わせたりする商品について政令で「関連商品」
と指定しています。関連商品に該当する商品の売買契約については、継続
的役務提供契約をクーリング・オフをしたり、取消事由により取り消した
り、中途解約したりする場合に、役務契約と共に解除・取消・解約ができ
るものと定めています。

　関連商品の販売契約では、ケースによっては販売会社と役務提供業者と

が別会社である場合もありますが、別会社であったとしても役務契約と共に販売契約も解除・取消・解約することができます。

これは消費者が自分にとって不必要な継続的サービス契約を解消することができても、抱き合わせで契約させられた不必要な商品を解約できないのでは根本的な救済にはならないことから導入された制度です。もし、消費者がサービス契約は解消したいが、商品は欲しいという場合には、商品の売買契約は解除・取消・解約しないことは自由に選択できます。ここでは、不必要な商品は特定継続的役務契約と一緒に解消しようとすればできる制度となっている点にポイントがあります。

2．政令で指定された関連商品

政令別表第5第2号二では、美容医療の関連商品として下記の商品を指定しました。

政令別表第5第2号二・抜粋

二　別表第4の2の項に掲げる特定継続的役務にあつては、次に掲げる商品

イ　動物及び植物の加工品（一般の飲食の用に供されないものに限る。）であつて、人が摂取するもの

ロ　化粧品

ハ　マウスピース（歯牙の漂白のために用いられるものに限る。）及び歯牙の漂白剤

ニ　医薬品及び医薬部外品（医薬品、医療機器等の品質、有効性及び安全性の確保等に関する法律第2条第2項の医薬部外品をいう。）であつて、美容を目的とするもの

政令で定めている「動物及び植物の加工品（一般の飲食の用に供されないものに限る。）であつて、人が摂取するもの」とは、いわゆる健康食品やサプリメントのことを指します。

医薬品及び医薬部外品でも「美容を目的とするもの」であれば関連商品に該当します。美容医療契約の治療に伴う傷の治療のために販売された痛み止めや抗生剤などの医薬品等は、美容を目的とするものではないので関

連商品には該当しないと考えられます。

３．政令指定消耗品

　美容医療の上記関連商品は、すべて政令で消耗品と指定されています。

　したがって、法律を遵守した契約書面が交付されており、引き渡された商品を自分の判断で使用した場合には、使用した関連商品の売買契約はクーリング・オフ期間であったとしてもクーリング・オフはできなくなります。クーリング・オフできなくなるのは、使用した商品が通常小売されている最少単位です。当該販売業者の販売単位で考えるのではなく、通常市販されている小売されている最少単位で判断することになります。

Q 26 美容医療を中途解約した場合の清算方法はどうなるか

Point
① 契約期間内であれば中途解約できる
② 中途解約した場合の清算方法についても規制がある。規制内容よりも消費者に不利な特約は無効である

特定継続的役務提供契約に該当する美容医療契約であれば、契約期間内であれば将来に向かって解約することができます。解約した場合の清算方法については、サービスを利用する前の解約であれば違約金は2万円以下で事業者が定めた金額になります。サービスを利用した後の解約の場合には、利用済みのサービスの対価と5万円か未使用部分のサービスの対価の2割のいずれか低い額の合計額になります。

解 説　　**Explanation**

1．問題の所在

　継続的な美容医療では、契約締結後の消費者からの中途解約を認めない、一切返金をしない、高額な違約金の定めを設けておいて違約金の請求をする、などの契約トラブルが多発していました。

　継続的な美容医療契約で、消費者からの中途解約を一切認めない契約は消費者契約法10条に違反する不当条項に該当する可能性があります。中途解約の際に、一切返金しない条項や高額な違約金を定めた条項は、消費者契約法9条1号に違反する可能性があります。しかし、不当条項に当たるかどうか、平均的損害はいくらなのか、ということは、消費者側からの言い分が事業者から簡単に認めてもらえるわけではなく、訴訟をしてみない

とわからないといった問題がありました。また、消費者からの苦情が増加
し続けているにもかかわらず、美容医療業界での改善の動きはほとんどな
い状況であることも大きな問題となっていました。このような状況の中で、
消費生活相談窓口でもすみやかに適切な助言やあっせんができるように規
制を整備することが求められていました。

2．改正のポイント

　特定商取引法では、特定継続的役務提供取引については、消費者に中途
解約の権利を定めています。美容医療を特定継続的役務提供として政令指
定することによって、契約期間内であれば、消費者は中途解約ができるこ
とになりました。クーリング・オフ期間が経過しており、取消事由がない
契約の場合には、消費者の自己都合でも将来に向かって契約を解除できる
ことになったわけです。

　さらに、中途解約の場合の清算方法について上限規制が設けられました。
特定商取引法で定めた清算ルールを超える負担を消費者に負わせる特約を
設けている場合には、規制を超える部分は無効です。

　清算ルールは、消費者が事業者から役務提供を受ける前に解約した場合
と役務提供を何回か受けた後の解約の場合と分けて規制されています。

（1）　役務を利用する前の中途解除の場合

　事業者が消費者に対して請求することができる解約手数料などの上限は
2万円です。

（2）　役務利用後の中途解除の場合

　消費者が役務の提供を受けた後に解約する場合には、事業者は提供済み
の役務の対価と契約で定めた解約手数料などの合計額を請求できます。

　提供済みの役務の対価の清算方法は、契約時の役務の単価が上限とされ
ます。契約条項で、契約時単価よりも解約清算時の単価を高く定めていた
場合には、契約時単価を超える部分は無効です。契約締結時には、契約書
面の交付義務があり、契約書面事項として「役務の単価」を記載する義務
があります。契約時単価は、契約書面で確認することができる制度になっ
ています。

提供済みの役務の対価のほかに消費者に請求できる解約手数料とか違約金などの合計額については、「5万円またはまだ提供していない役務の対価（契約残額）の20%に相当する額のいずれか低い額」と定められました。

Q 27 美容医療の契約の時に個別クレジット契約を利用した場合の取扱い

Point
① 政令で美容医療が定義された
② 個別信用購入あっせん取引の規制が及ぶことになった

A 特定商取引法の改正にあわせて割賦販売法も改正され、美容医療も特定継続的役務提供に含まれる内容の改正がされました。具体的には、美容医療の契約をクーリング・オフした場合にはクレジット会社との立替払い契約もクーリング・オフできることになりました。また、勧誘の際に事業者による不実告知や不告知があった結果消費者が誤認して契約を締結した場合には、美容医療契約とともにクレジット会社との立替払い契約も取り消すことができることになりました。

解 説 **Explanation**

1. 問題の所在

高額な美容医療の契約では、美容医療契約の際にクレジット会社との個別信用購入あっせん契約（いわゆる個別クレジット契約）を締結する場合が少なくありません。特定継続的役務提供に当たる美容医療の契約を締結する際に個別クレジット契約を利用し、契約締結後にクーリング・オフをしたり、契約を取り消した場合には、クレジット会社に対してはどのような主張ができるかという問題です。

消費者は、割賦販売法により、美容医療業者に対して対抗することができる抗弁事由を理由に、クレジット会社に対して支払停止の抗弁を主張できますが、クレジット会社に対して支払済みの金員の返還も求めることができるでしょうか。

2．割賦販売法の改正点

　特定商取引法の改正により美容医療が特定継続的役務提供として規制されることになったことに伴い、割賦販売法上も、美容医療について個別クレジット契約をした場合には、美容医療契約をクーリング・オフをする場合には同時にクレジット会社との立替払い契約もクーリング・オフできることとなりました。さらに、美容医療契約を特定商取引法による不実告知・不告知による取消をする場合には同時に立替払い契約も同時に取り消すことができることになりました。美容医療に関する関連商品の販売契約において個別クレジット契約を利用した場合にも同様です。

　立替払契約もクーリング・オフしたり、取消をした場合には、クレジット会社に対して支払った金銭の全額を返還するよう、クレジット会社に対して請求することができます。

28 貴金属などの訪問購入で、事業者が対価を商品券で支払った場合には、特定商取引法の訪問購入に当たりますか

Point
① 商品券や電子マネーで支払った場合には訪問購入に当たる
② 対価を支払う代わりに、別の商品の引き渡しをした場合にも、訪問購入に当たる場合がある

 通達で、支払方法として、商品券・電子マネー・商品の引き渡しをした場合にも、訪問購入に当たることを明確化しました。

1．問題の所在

　訪問購入とは、「…物品の購入を業として営む者（以下「購入業者」という。）が営業所等以外の場所において、売買契約の申込みを受け、又は売買契約を締結して行う物品（当該売買契約の相手方の利益を損なうおそれがないと認められる物品又はこの章の規定の適用を受けることとされた場合に流通が著しく害されるおそれがあると認められる物品であつて、政令で定めるものを除く。以下この章、同項及び第67条第1項において同じ。）の購入をいう。」（特定商取引法58条の4）と定義されています。

　「…購入をいう。」と定義とされていることから、悪質な訪問購入業者の中には消費者の自宅に買取商品を見に来て買い取ってから、対価を現金ではなく商品券や電子マネーなどで支払い「訪問購入とは現金（法定通貨。つまり「円」）で支払う取引を意味する。法定通貨で支払っているわけではないので「交換」であり訪問購入の規制は適用されない。」と主張するケースが見られました。訪問購入ではないので特定商取引法の規制は及ばず、

契約書面の交付義務やクーリング・オフ制度などは適用されないと主張して、法定の契約書面の交付をしないばかりか消費者からのクーリング・オフの通知も無視するケースが少なくありませんでした。

　商品券や電子マネーでの支払いは、買取契約の対価の支払い手段して用いるわけですから、当然訪問購入の規制対象であると考えられますが、事業者は応じようとしないため消費生活相談などでは、助言やあっせんに当たり苦慮していました。

2．改正法で明確化

　改正法の通達により、買取契約についての支払手段として商品券などを使用した場合には、売買代金の支払い手段として用いたものであり、当然に訪問購入の規制が及ぶことを明確化しました。さらに、買取契約で、対価の支払いにかえて商品を引き渡した場合には代物弁済に当たるものであり、訪問購入の規制が及ぶことを明確化しました。

　訪問購入に関する消費者苦情では、電話などで「不要な商品を買い取る。お宅に見積もりにうかがう」などと勧誘してアポイントをとり、消費者宅に訪問して現物を見て「○○円で引き取る」などと買取金額の査定を行い契約締結の勧誘を行うという手順を踏んでいます。このようなケースでは、査定価格による契約の申込があり、消費者が承諾して契約が成立することになります。その後の対価の支払いという履行の段階で商品券や商品の引き渡しをした場合には、支払い手段あるいは代物弁済に当たることになるわけです。

Q 29 執行体制が強化されたということですが、なぜ、どのような強化がされたのですか

Point

① 業務停止命令の期間を2年に延長
② 禁止命令の導入
③ 返金命令ができることが明確化された
④ 改善指示処分の場合も公表が義務付けられた
⑤ 事業者が行方不明の場合の公示送達の制度を導入
⑥ 監督官庁の検査等の権限を強化
⑦ 刑事罰の強化
など

専門調査会では、事業者の悪質化がすすみ、行政処分が十分な効果をあげていないことが問題点として指摘されました。その結果、手続き面と処分内容について Point のように強化が行われました。

解説　Explanation

1．問題の所在

事業者の悪質化が進んでおり、改正前の特定商取引法の行政処分の制度では不十分となっていることが指摘されていました。そこで、行政処分についても見直しがされました。主な改正点のポイントは下記のとおりです。

2．改正法による執行体制の強化のポイント

（1）　業務停止命令の期間を1年間から2年間に延長した。

改正前の業務停止命令の期間は最長で1年間とされていました。事業者

が悪質化するなかで１年間では不十分であることが指摘され、業務停止の期間が２年間に延長されました。

（２） 禁止命令の導入

　違反した事業者に対して業務停止命令をしても、業務停止命令の対象となった会社の役員や従業員が別会社を作ったり移動したりして、別会社において同じ違法行為を繰り返している実情がありました。これでは業務停止命令を行っても別会社で行えば行政処分の効果は及ばないので、せっかく行政処分をしても処分の意味がなくなってしまうことが問題となっていました。そこで、事業者に対して業務停止命令を行う時に、その事業者の役員や支配権を持っている従業員に対して、別会社などで行うことも禁止できる制度を導入しました。

（３） 事業者名などの公表制度の見直し

　改正前は業務停止命令の場合には事業者名も含めて処分を公表することが必要とされていましたが、指示の場合には公表は義務付けではなく、処分庁（消費者庁と都道府県知事）の判断にゆだねられていました。そのため、処分庁によっては指示の場合には処分が公表されない場合が少なくありませんでした。これでは処分されても消費者は処分の事実を知ることができませんし、公表されないために事業者の改善のインセンティブもあまり働きませんでした。そこで、指示の場合にも公表を義務付けました。

（４） 公示送達制度の導入

　行政処分の手続きでは、事業者に対して処分書を送達＝交付するなどの手続きが必要です。ところが、通信販売では、広告表示に事業者の表示がなかったり、表示されていても虚偽であったりバーチャルオフィスなどで処分書を届けることができないケースがありました。このように所在を明確にしない悪質業者に対して手続き上処分ができない場合があることが問題となっていました。

　そこで、所在不明の事業者に対する公示送達の制度を導入しました。

（５） 返金命令

　行政処分の際に、消費者に対して返金するように命令できる（返金命令）ことを明確にしました。返金命令は、業務停止命令がなされるまで違

法行為を続ければ、処分までに儲けた利益は温存できるという「やり得」の防止と違法な利得の剥奪、さらに消費者に対する被害救済の効果もある制度です。ただし、処分庁に強制執行などの強制権限があるわけではありません。

（6）　違反行為の刑事罰の強化

　特定商取引法には部分的に刑事罰の定めがあります。刑事罰についても見直しをして罰則の強化をしました。

Q 30 検討課題とされたものの中で、改正に盛り込まれなかった論点などはありますか

Point
① 訪問勧誘や電話勧誘を望まない消費者が、あらかじめ拒絶できる制度の導入は見送られた
② 通信販売で虚偽の広告が用いられていた場合に消費者に取消権を認める制度の導入は見送られた

訪問販売・電話勧誘販売ついては高齢者の被害が増加し続けている点が問題となりました。日中在宅している可能性が高く、交渉力格差が大きいことから、事業者と接触してしまうとうまく断ることができない、などの問題があることが推測されます。そこで、訪問勧誘や電話勧誘を望まない消費者に対しては勧誘をしてはならないとの規制を導入することが検討課題として提出されましたが、事業者からの反対が強く十分な検討ができませんでした。

通信販売で虚偽の広告を信じて注文した消費者に取消権を導入することも検討されましたが、これも事業者からの反対が強く今後の検討課題となりました。

解説 Explanation

1．問題の所在

2016年改正の前提となった大きな問題は、2点ありました。第1は、高齢者の訪問販売・電話勧誘販売・訪問購入に関する被害が増加し続けているということです。第2が、インターネット通販を中心に、通信販売の被害が増加し続けており、広告表示に問題があるケースが少なくないということです。

そこで、これらの被害を防止したり、救済しやすくするためにどのような制度を導入する必要があるかという観点から、2015年消費者委員会特定商取引法専門調査会において、下記の2点についての問題提起がなされました。

① 訪問勧誘や電話勧誘を望まない消費者は、あらかじめ訪問勧誘や電話勧誘を拒否できる制度（オプトアウト）を導入することの是非を検討してはどうか。

② 虚偽の通信販売広告を信じて購入した消費者に契約取消権を付与する制度の導入の是非について検討してはどうか。

2．訪問販売等のオプトアウト規制について

　高齢者の訪問販売・電話勧誘販売・訪問購入などが2008年改正による訪問販売の規制強化や2012年改正による訪問購入の規制の導入にもかかわらず増加し続けています。高齢者人口が今後も増加し続けることを考えると、高齢者被害をいかに防止するかは緊急な検討課題です。

　高齢者被害が増加しつづけている事情としては、様々な理由があると推測されます。主な事情としては、1つには高齢者は日中の在宅率が高いことです。訪問勧誘業者や電話勧誘業者が勧誘しようとしても消費者が在宅していなければ被害にはあいません。第2に高齢者は金銭的な蓄えや年金があるなどの事情があり、貴金属類なども所有していることが多いなど「狙われやすい」状況にあると考えられます。さらに、第3として認知能力や交渉力スキルなどの低下により訪問勧誘や電話勧誘などを断固として断ることが難しい人が少なくないのではないかということも考えられます。第4に事業者の悪質化です。

　特定商取引法では、勧誘目的の明示義務や再勧誘の禁止等の取引を適正化するための様々な行政規制を定めています。これらの規制が順守されれば、被害防止の効果もある程度は期待できるのではないかとも考えられます。

　ところが現実は、事業者の悪質化が進み、違法業者に対する行政処分や刑事罰の定めが不十分となっているのではないかという指摘がなされたと

いう実情があります。この点については、高齢者の訪問販売や電話勧誘販売の被害が増えているにもかかわらず、行政処分の件数が減少傾向にあることからも、緊急の対策が求められていました。

そこで、自分は訪問勧誘や電話勧誘には上手に断ることができないとか訪問勧誘や電話勧誘では取引したくないと考えている人は、あらかじめ訪問勧誘や電話勧誘をしないでほしいと拒否できる制度を導入する必要があるのではないかとの指摘がなされています。いわゆるオプトアウト規制です。

あらかじめ訪問勧誘や電話勧誘を拒否する手続きを取っている消費者に対する訪問勧誘や電話勧誘を禁止すれば、被害の多くはを防止できるのではないか。事業者も、あらかじめ拒否していることがわかっていれば、無駄な勧誘のための時間や人件費などを節約できるので、双方にメリットがあるのではないかという観点からの提案です。

訪問勧誘や電話勧誘をあらかじめ拒絶するための制度設計をどうするかという点については、創意工夫が必要とされる点ですが、この点についてはいろいろな知恵を出し合って検討すればよいだろうということです。地方自治体の中には条例で、訪問販売をあらかじめ拒絶している人に対する訪問勧誘を禁止する制度を導入としているところもあります。これらの取組みは制度設計上参考になります。

滋賀県野洲市のように条例によって訪問販売業者に登録制度を導入した自治体もあります。

専門調査会での検討では、事業者の悪質化が進んでおり行政処分の制度や刑事罰が不十分となっているとの指摘がされ、行政処分の執行体制の強化と刑事罰の強化がなされました。さらに、消費者庁や都道府県は、法令に基づく行政処分を積極的に行うことができるように行政の体制を整備する必要があるとの指摘もされました。そのために、2016年には執行を強化するための改正がなされました。

しかし、高齢者の訪問販売や電話勧誘販売の被害が増加している原因として、しつこい事業者の勧誘に対して高齢者がうまく断れないために被害が多発していることを示すだけの十分な相談データがないとの業界サイド

からの指摘がなされ、具体的な検討にはいることができませんでした。

　消費生活相談に寄せられる高齢者などの訪問販売・電話勧誘販売の被害実体を注視し、今後も被害が減少しないのであれば、被害事例を分析して被害防止のためにはどのような制度を導入すべきかを検討することが、今後の課題となっています。

3．通信販売の取消権

　特定商取引法では、訪問販売・電話勧誘販売・連鎖販売取引・特定継続的役務提供・業務提供誘引販売取引の5種類の取引には、契約の締結について勧誘をする際に、事業者が消費者に対して重要事項について事実と異なる説明をしたり、説明をしないことによって、消費者が誤認して契約を締結した場合の取消制度が定められています。

　一方、通信販売の場合には、事業者による勧誘がないことから、上記のような取消制度は導入されていません。

　通信販売では、消費者は、店舗に出向くことはなく、事業者からの説明を聞く機会も商品の現物を確認する手段もなく、事業者が提供する広告による情報をたよりに契約の選択を行うという特徴があります。特定商取引法は、このような通信販売における広告の重要性から、通信販売の広告に対して表示すべき項目を定める積極的な表示義務付けの規制を設けるとともに、誇大な広告や虚偽の広告を禁止する消極的な広告規制を定めています。広告規制に違反した場合には、行政処分の対象となります。

　ただし、不当な広告により消費者が誤認して契約した場合の救済制度としての民事ルールは定められていません。そこで、事業者が行った虚偽の広告により消費者が誤認して契約を締結した場合には契約を取り消すことができる制度を導入する必要があるのではないかという問題提起がされたわけです。

　不当な広告による誤認によって契約した場合の取消制度の必要性については、消費者委員会消費者契約法専門調査会でも検討課題とされています。ただ、消費者契約法は通信販売に限らずすべての消費者契約を対象としています。特定商取引法の場合には通信販売に限定した検討ということにな

るという違いがあります。

　いずれにしても不当な広告により誤認して契約した場合の取消制度の導入の是非については、業界からの反対も強いことなどから、今後の課題として残されました。

Q 31 改正法施行後も見直しの可能性などはありますか

Point

① 改正法の施行後5年を目途に見直すことになっている
② それ以前に重大な消費者被害が発生するなどして改正の必要性が高い場合には、5年を待たずに改正されることもありうる

改正法施行後5年を目途に見直すこととなっています。

　もし、見直しまでの間に深刻な消費者被害が多発し特定商取引法の見直しをしなければならない事態が生じた場合には、5年後の見直し前でも改正についての検討が行われることになります。

　その場合の被害実態の分析は、消費生活センターに寄せられた相談内容の分析によります。

　消費者が被害に遭った場合には、最寄りの消費生活相談窓口に具体的な取引の経過、被害の内容、問題点などをきちんと説明して相談することが重要になります。

解説 Explanation

1．施行後の見直しについて

　改正法は施行後5年を目途に見直すことが附則で定められています。

　2016年改正も、2008年改正法の施行後5年を目途に見直すこととなっていたことによるものです。

　特定商取引法は、施行後の状況を見て、①　改正で十分だったか。改正でも対処できなかった不十分なことはなかったかについての検証。②　改正後に新たな変化により対応が必要となったことはないか。という2点か

ら見直すことになっています。

２．あらたな消費者被害が起こり社会問題となった場合

改正法では対処できない新たな問題が起こった場合で、深刻で迅速な改正が必要とされる場合には、施行後５年をまたずに改正の検討がされることになります。

2008年改正後も、2010年に貴金属等のいわゆる「押し買い」（押し売りとは逆に、事業者が訪問してきて強引に商品を買い取っていく被害であることから、当初はこのように呼ばれた。）被害が爆発的に増加したことから、施行後５年の見直しを待たないで、2012年に急きょ改正されることになりました。その際には、消費生活相談窓口に寄せられた具体的な被害内容の分析により、どのような規制をすべきかが検討されました。

今後の見直しを適切にするためには、被害に遭った消費者が消費生活相談窓口に相談し、契約に至る具体的なやり取り、問題点などを伝えていくことが重要という事になります。

【著 者】
村　千鶴子（むら・ちづこ）
　　1976年　名古屋大学法学部法律学科卒業
　　1978年　弁護士登録
　　2004年　東京経済大学現代法学部教授、現在に至る。
　　2014年　平成26年消費者支援功労者内閣府特命大臣表彰
【著 書】
『消費者のための民法入門』〔新世社・2019〕
『市民のための消費者契約法』〔中央経済社・2019〕
『市民のための特定商取引法』〔中央経済社・2017〕
『Q&A 詐欺・悪徳商法　相談対応ハンドブック』〔ぎょうせい・2017〕
『誌上法学講座—特定商取引法を学ぶ—（改訂版）』〔国民生活センター・2016〕ほか多数。

Q&A ポイント整理 改正消費者契約法・特定商取引法

2020（令和2）年1月15日　初版1刷発行

著　者　村　千鶴子
発行者　鯉渕　友南
発行所　株式会社　弘文堂　　101-0062　東京都千代田区神田駿河台1の7
　　　　　　　　　　　　　　TEL 03(3294)4801　振替 00120-6-53909
　　　　　　　　　　　　　　https://www.koubundou.co.jp
装　幀　後藤トシノブ
印　刷　港北出版印刷
製　本　井上製本所

ISBN978-4-335-35738-1

─── 実務の技法シリーズ ───

〈OJTの機会に恵まれない新人弁護士に「兄弁」「姉弁」がこっそり教える実務技能〉を追体験できる、紛争類型別の法律実務入門シリーズ。未経験であったり慣れない分野で事件の受任をする際に何が「勘所」なのかを簡潔に確認でき、また、深く争点を掘り下げる際に何を参照すればよいのかを効率的に調べる端緒として、実務処理の「道標(チェックポイント)」となることをめざしています。

☑ 【ケース】と【対話】で思考の流れをイメージできる
☑ 【チェックリスト】で「落とし穴」への備えは万全
☑ 簡潔かつポイントを押さえた、チェックリスト対応の【解説】
☑ 一歩先へと進むための【ブックガイド】と【コラム】

会社法務のチェックポイント　市川　充=安藤知史　編著
美和　薫=吉田大輔　著　　　　　　　　　A5判　2700円

債権回収のチェックポイント　市川　充=岸本史子　編著
國塚道和=嵯峨谷厳=佐藤真太郎　著　　　A5判　2500円

相続のチェックポイント　高中正彦=吉川　愛　編著
岡田卓巳=望月岳史=安田明代=余頃桂介　著　　A5判　2500円

交通賠償のチェックポイント　高中正彦=加戸茂樹　編著
荒木邦彦=九石拓也=島田浩樹　著　　　　A5判　2700円

破産再生のチェックポイント　高中正彦=安藤知史　編著
木内雅也=中村美智子=八木　理　著　　　A5判　2700円

建物賃貸借のチェックポイント　市川　充=吉川　愛　編著
植木　琢=小泉　始　著　　　　A5判　2020年1月刊行予定

労働法務のチェックポイント　市川　充=加戸茂樹　編著
亀田康次=軽部龍太郎=高仲幸雄=町田悠生子　著　A5判　2020年2月刊行予定

離婚のチェックポイント　高中正彦=岸本史子　編著
大森啓子=國塚道和=澄川洋子　著　　　A5判　2020年3月刊行予定

《以降、続刊予定》

■交渉・和解技能　　　　　　　高中正彦=市川　充　編著
■文書作成・尋問技術　　　　　高中正彦=市川　充　編著
■事務所経営　　　　　　　　　高中正彦=市川　充　編著

※表示価格（税別）は2019年12月現在のものです。